[加] 亚当·卡亨(Adam Kahane) 著

如何与利益不同的人合作

张淼 译

九州出版社

献给我的敌人和老师

序 言

如果你在努力让世界变得更美好,那么很少有比颠覆你的思维更有意义、更有用的做法了。思想的转变是改变的基础,也是重建信仰的基础,是优秀领导力的核心。在大多数情况下,这种改变是缓慢发生的,可能从我们接受教育或试图理解令人不安的经历开始,通常在我们没有意识到的情况下发生。然而,偶尔我们也会运气爆棚,仅仅读了一本书,我们的思想就会发生转变。亚当·卡亨(Adam Kahane)的《如何与利益不同的人合作》(*Collaborating with the Enemy: How to Work with People You Don't Agree with or Like or Trust*)就是这样的一本书。

本书正是围绕着书名展开的。书名要求我与三观不合的人合作,这不是那么难。但随后要求提高,要求我与我不喜欢的人合作,这也是可以做到的,实际上在大多数工作场所都很常见。但最后一个要求更加苛刻:与我不信任的,甚至与我认为是敌人的人合作。本书的承诺就是帮助你做到以上这几点。

考虑到世界上正在发生的一切，这一承诺尤其重要。我们生活在一个复杂的时代。这是一个分裂和两极分化的时代，在这个时代里，我们一直在寻找志同道合的人。我们有越来越多的方法结识与我们相似的人：我们被与自己兴趣、品位、政治观点相同的人所吸引。每次我在网上买东西，都会被告知类似的人也买了什么，这很有用。作为一个更大的社会，城市中正在形成一个个拥有类似住户的社区。作为国家，我们投票给那些想要把陌生人拒之门外，以及想要收回我们国家控制权（就好像有人已经把我们的国家夺走了）的政治家。

我们生活在一个日益疏离和孤立的时代。我们越来越不信任机构和政府会为我们的利益采取行动。我们在大多数选举中都会以某种形式投出"反对"票。我们的经济、意识形态分歧越来越大，价值观之争愈演愈烈。

这就是为什么亚当的书很重要。它提供了一种思考和行动的方式，邀请各方人员聚在一起，尤其是当他们三观不合、不喜欢或不信任对方时，由此创造出一个似乎不可能的未来。本书描述了这种存在与工作方式，实践者会以一种容易理解的方式采取行动。令人信服的是，亚当和他的同事们已经将他们的想法付诸实践。他们的努力已经改变了这个世界。

以下是本书中改变了我的想法的一些内容：

- 我一直认为与他人合作是我们的优先选择。我的观点一直是，人类基本上是合作型的，想要一起工作，我们只需要消除妨碍合作的障碍。本书的观点并非如此。本书认为，合作只是几个优先选择之一。我们的优先选择很可能是将自己的观点强加于人，在可能的情况下迫使他人服从，并尽我们所能达到自身目的。另一个优先选择是适应这个世界，做出妥协，减少分歧，为了和睦相处而赞同别人的观点。

  亚当所描述的是在情况越来越无望的情况下思考合作的思路，也就是当试图控制结果，并把我们的立场强加于人行不通时，或者当我们无法适应困难时。本书中描述的合作是为了在当前的可怕现实下找到一种新的方式，推动事情向前发展，各方都认同的只有一点：有些事情需要改变。无论是对于个人、组织还是社群，当我们被迫或准备尝试新事物时，这种方法都适用。

- 在我职业生涯的大部分时间里，我都以担任企业、学校、政府、教堂或协会等组织的顾问谋生。我所做的诸多工作都涉及帮助团队更好地合作，协助劳资双方相互建立信任,或者促进公司内部的各个部门更有效地合作。所有这些情况都假定人们朝着一个共同的目标工作。在我看来,如果他们没有合作和互相信任的愿望与天性,那么聚到一起又有什么意义呢?亚当的基本观点是,这时候正该聚到一起。

- 作为一种文化,我们相信解决分裂和两极分化的办法是建立联盟,制定战略击败或削弱对方。我们发起运动以证明我们的优势地位。如果我们是石油公司、烟草公司或制药公司,我们就会建立所谓的独立智库,搜集研究资料,质疑反对我们的人。

当面对一个复杂的挑战,而且先前的努力基本上都失败时,我们就会采取一系列市场营销策略,策划活动,并调动政治意愿促使我们想要的改变发生。在公共领域,最明显的战略是反毒品、反贫困、反恐怖主义和反内战。我们召开峰会,起草宣言,得出一组行动步骤和一份新闻稿。峰会的使命总是为了集体的利益做一些事情。在管理和组织世界遇到危机的时期,每当中断发生时——某个产品失去了它的市场,或者某个行业或企业失去了它运作的合法性——我们倾向于进行变革管理。我们会设计文化转型项目,启动培训项目,制定新标准,寻找新员工,要求组织变得更加灵活，更加创新。

所有这些都是被广泛接受的策略，产生了积极影响。它们当然会使情况得以改善，但实质上大多是我们在不加掩饰地试图让他人改变，让他们的想法或行动与我们的目的保持一致。这么做的本质是强权，这种做法在大部分时候都令人失望。

如果改变很难，传统的策略就会遭遇一种天真的挑战。传统的策略有两个前提：

一个前提是有一个精英圈子，他们知道对他人和世界而言什么是最好的。我们持有一种近乎神圣的观点，即创建智库，向毒品、贫困和恐怖主义等肆虐世界的负面清单宣战，以及选择让谁在峰会上发言和谈判是政府官员和专家圈的权利和责任。在组织内部，我们基本上认为首席××官序列是最高管理层，而且（无论是在商业、教育、教会还是政府中）他们是启动变革计划的最佳人选。

第二个前提是相信我们可以通过自己的方式解决未来的问题。这是一种根深蒂固的信念，认为当我们在一个愿景上达成一致，设定目标，找到一条可预测的路径实现它们，并确定可观察的度量标准、时间线和里程碑时，变化就会发生。我们关于让人们对失败负责和承担后果的信念和语言会促使这一切形成。

本书对这种合理的行动顺序提出了质疑，特别是在面对复杂的问题，在重要的利益相关者观点大相径庭、存在冲突时。面对复杂的问题时，无论是在社会中还是在组织中，我们都需要采取一种不同的解决方式。此时，亚当提出了一些独特的观点。

他谈到了主流思想之外的另一种选择，伸展合作[1]，运用这种方法也可以推动事物前进。他概述了一个过程，在这个过程中，那些长期互相不信任、拥有不相容的目标，彼此不喜欢的人可以在重要意见未达成一致的情况下创造另一种未来。这意味着把拥有不同意图的人们聚集在一个房间里，这里的任务不是协商或制定行动步骤。他们只需要同意某种情况需要发生改变，而且在任何情况下他们都不需要放弃自己的解决方案或立场。

最后一种传统的做法，是我所珍视的，也是亚当所加以限制的，就是我们首先需要关注对立各方之间对话的本质和利益。常见的方法是通过更好的倾听，精心组织对话形式，进行困难的对话和达成一致来寻求理解。这些方法总是有用的，但在"伸展"合作法中，对话不是主要的关注点。把改变对话作为创造另一个未来的主要手段是不够的，我们需要添加新的内涵。

伸展合作有三条主要原则，我在这里只会略微提及。你需要

---

[1] 本书的核心理念，借助太极拳中行云流水、刚柔并济的风格，提出放弃控制，顺其自然以实现合作的行事原则。——编者注

阅读本书，才能对它们拥有全面的认识。

首先，我们必须确认各个立场及其拥护者的合法性和价值。这个观点表明，我们需要考虑的世界观或思维模式不止一种。它反映了尼尔斯·玻尔（Niels Bohr）所表达的观点："对于每一个伟大的想法，与之相反的想法也是正确的。"

其次，亚当所描述的合作方式是共同学习。我们不会通过谈判确定某些事情，而是会参与联合试验。每个人都有自己的看法，只有一起尝试做一些事情，我们才能共同看到在当前的情况下哪些做法是有效的。

最后，亚当呼吁我们关注自己的意识，以及努力实现合作的人的意识。那些想把敌人团结在一起的人需要这么做。这种意识将以一种新的方式呈现，在这种方式中，我们能够注意到世界上正在发生的事情，而不是试图去影响它，而且我们也能注意到我们和房间里的其他人一样都是此时此刻的参与者。

本书很重要，不仅仅是因为书中提出的观点，而且因为它是带着谦卑和对人性的接纳而写成的。亚当谈到了他推进合作的努力实际上如何阻止了合作的建立。他用非常具体的例子来证明这个理论，阐述了人们是如何找到尊重和承认敌人合理性的方法，并创造了一度看似不可能的未来。本书中的故事和理论一样深刻。

本书暗含着一个未命名的精神层面。它运用了力量与爱的语言，这是亚当另一本书的书名。这种语言唤起了合作的某些方面，如同一个谜。我们可以用这种语言探索那些不可知的、无法定义的事物。这种合作会出现在一个团队生命中的某些时刻，它会改变努力的方式，并开启一些新事物发生的可能性。当我们认识到我们与对方拥有同等的行使权利和爱的能力时，这种合作最有可能发生。

对整体性的呼吁贯穿全书。它要求我们面对世界政治和人类苦难的严酷现实、似乎无法协商的冲突的存在，以及一贯被忽视的历史长河。与此同时，它也请我们在思考时考虑到敌人可能会帮助我们创造一个不同的未来。而且，为了完成这项工作，我们必须作为一个有意识的、正在学习的、会犯错误的独立个体，来探究我们自己。我们必须接受，虽然怀有良好的愿望，我们也可能会失去对他人的信任、认同和喜爱，但仍然会继续行动下去。

这里，真正需要做的工作是创造一个空间，在我们被文化和意识形态的冲突吸引，而且这种冲突因为新闻媒体主要关注世界上发生的问题而被强化时，使和平能够取得胜利。现在的社交媒体，获得关注是唯一的目标，没有实质贡献的名人是赢家，缺乏事实的虚构是吸引观众的方式，在面对这样的社交媒体时，伸展合作的目标是实现和平。

在这个世界上，在我们的制度生活中，有很多不必要的痛苦，很多是因为我们想要走自己的路或适应我们不相信的东西而造成的。本书是我们一直在等待的一种理念架构，能够实现力量、爱与和睦，重塑我们的集体生活。

彼得·布洛克

自 序

在过去的二十五年里,我一直在帮助杰出人士组成的团队共同应对我们这个时代面临的一些最重要的挑战:就业、教育、卫生、食品、能源、气候、司法、安全、和平。这些人一直致力于在这些领域取得进展,为此,他们不仅愿意与同事、朋友合作,而且愿意与对手、敌人合作,比如所有政党的政治家、游击队员、将军、活动家、官僚、工会主义者和企业高管。当这些合作取得成功时,它们带来了鼓舞人心的突破,而当它们没有取得成功时,它们带来了失望和幻灭。世界各地的这些非凡的经历,使我能够用乐观的眼光近距离观察到,合作是如何成功,又是如何失败的。

同时,我也在日常生活中与同事、客户、合作伙伴、朋友、家人合作。有时我有强烈的意愿和这些人合作,有时则意兴阑珊。当我们的合作成功时,我感到高兴;当合作失败时,我感到沮丧。更让我感到困惑和尴尬的是，作为一名国际合作专家，我怎么能在自己的实践中失败呢？这些平凡的经历也让我能够近距离，但用温和的眼光观察到合作是如何成功，又是如何失败的。

这两种不同经历的并存令我感到惊讶。我已经能够看到，无论是在非常情况下还是日常生活中，合作的核心挑战都是相同的。这个挑战很简单，但并不容易完成，那就是如何与不同的人合作，包括我们不认同、不喜欢或不信任的人？

本书是为那些努力学习如何与三观不合的人合作的读者而写，无论他们是在自己的企业、政府或非营利组织中进行合作，还是和其他组织、社群或部门的人打交道，都可以读一读本书。本书也是为那些需要在最重要的挑战上取得进展的人而写，阅读本书不仅能够帮助他们做到与同事、朋友合作，还能与对手、敌人建立合作。

在过去的几年里，我在很多情况下都有很多机会通过合作来完成工作。在不断尝试和犯错的过程中，我逐渐能够理解建立真正的合作需要些什么。本书介绍了我所学到的一切。

前言　如何与三观不合、不喜欢或不信任的人合作

不论在何种场景下，家中或工作中，商务或政治活动中，抑或是在社区、国家乃至全球的议题上，我们面临的基本挑战都是一样的。我们在努力完成我们认为至关重要的事情。要完成这些事情，我们需要与他人合作，其中包括我们不认同、不喜欢或不信任的人。因此，我们左右为难：我们知道必须和这些人合作，也知道自己力有不逮。合作似乎既是必要的，也是不可能的。我们该怎么办？

这种合作看起来不可能实现是因为我们误解了合作。我们对合作的传统理解是，所有人都需要在同一个团队中，朝着同一个方向前进，就应该发生的事情达成共识，并能够确保成事，还要督促人们去做需要做的事情。换句话说，我们假设合作应该且必须可控。传统的合作看起来就像一场计划好的会议。

但这种传统的假设是错误的。当我们在复杂的情况下与不同

的人一起工作时，合作不可能也不需要可控。

非传统的、伸展的合作放弃了控制的假设。它放弃了关于和谐、确定性和服从的不切实际的幻想，欣然接受了关于不一致、试错和共同创造的混乱现实。伸展合作看起来就像是武术练习。如果我们进行伸展合作，那么即使遇到了复杂的情况，需要与我们不认同、不喜欢或不信任的人合作，我们也能完成工作。

两种合作方法：

	传统合作	伸展合作
我们如何与合作者相处	专注于团队的利益与和谐（一个优秀的整体）	拥抱冲突和联系（多个不同的子整体）
我们如何推进工作	对问题和解决方案达成一致（一个最佳方案）	在试验中摸索出前进的道路（多种新的可能性）
我们如何参与	改变别人正在做的事情（一位最高领导者）	加入游戏（多位联合发起者）

传　统

伸　展

伸展合作要求我们在工作方式上做出三个基本转变。

第一，在如何与我们的合作伙伴建立联系方面，我们必须从仅仅关注团队的集体目标与和谐，转变为拥抱团队内外的冲突和关系。

第二，在如何推进我们的工作方面，我们不能坚持对问题、解决方案和计划达成明确的一致意见，而要试着用不同的观点和可能性进行系统试验。

第三，在我们如何参与（我们所扮演的角色）方面，我们不能试图改变别人正在做的事情，而是要试着完全投入行动中去，并且愿意改变我们自己。

伸展合作是具有挑战性的，因为这三种转变都要求我们做看起来不自然的事情。我们不能逃避复杂性和冲突，我们必须投身其中。这常常会令人感到不安和恐惧。

这几种转变要求我们变得多元化：从只关注一个主导的整体，一个最佳的可能性，和一个最高的领导者，转变为关注多个不同的整体（身为更大整体一部分的整体），多个新的可能性，和多位共同发起者。

在复杂的情况下和不同的人合作从来都不是一件简单的事情。我们必须调动能量；需求必须平衡；必须采取行动。伸展并没有使这项工作消失，它只是让我们少一些恐惧，少分一些心，多一些联系和觉察。有句谚语说："开悟之前，砍柴挑水。开悟之后，砍柴挑水。"在领悟伸展之后，我们仍然有工作要做，只是我们更有可能把它做成。

本书介绍了伸展合作的理论与实践。第1章阐述了为什么合作是必要的，以及为什么合作在本质上是困难的。第2章提出了一种方法来决定何时合作，何时强制、适应或退出。第3章详细说明了传统合作的局限性以及它适用的有限条件。第4章概述了伸展合作，第5、6和7章详细阐述了实现这种合作所需要实现的三个阶段的转变：拥抱冲突和联系，在试验中摸索出前进的道路，以及加入游戏。后记提供了一组练习，帮助你将这些观点付诸实践。

目 录

序 言　i

自 序　xi

前言　如何与三观不合、不喜欢或不信任的人合作　xiii

1　合作越来越必要，也越来越困难　001

"敌对化综合征"将复杂而多彩的世界简化为非黑即白，是合作关系核心挑战。

"我永远不可能和那些人合作！"　003
敌对化综合征　005
合作的核心挑战　008

2　合作并不总是最好的选择　013

无论在何时、在何种场景下，我们应对问题都有四种选择：强制、适应、退出和合作。做哪种选择取决于我们对风险和利弊的衡量。

未来的道路尚不明朗　016

"不可思议的选择是我们一起解决问题" 016
除了合作，还有三种选择 021
合作应该是经过深思熟虑的选择 025

3 传统的合作正变得过时 033

让你陷入麻烦的不是你不知道的东西，而是你确信有用但实际上并非如此的东西。

退缩阻碍行动 035
变革管理以控制为假设 037
"只有一个正确答案" 040
传统合作的局限性 042

4 伸展合作正变得至关重要 051

在复杂、不受控的情况下，传统合作无能为力，伸展合作可以成功。

伸展会创造弹性和不适感 053
如何结束一场内战 055
伸展合作放弃了控制的幻想 062

5 拥抱冲突和联系 067

伸展合作拉近彼此的联系，也不压制彼此坚持原则，联系和冲突相互促进，可以使一个社会系统（家庭、组织、国家）发展到更高的层次。

光有对话还不够　070

不止一个整体　077

每个子整体都拥有两种驱动力　081

力量与爱的交替　084

6　在试验中摸索出前进的道路　093

创造性地发现前进道路需要遵循一个方法，那就是做一些尝试，退后一步，看看结果，然后做出一些改变，一遍遍地重复。

我们不能掌控未来，但我们可以影响它　095

我们正在摸着石头过河　102

创造力需要消极感受力　108

倾听可能性，而不是确定性　111

7　从置身事外到全身心投入　119

伸展合作要求我们把自己放入试图改变的情境中，而不是与情境分离。

"他们需要改变！"　122

如果你无法真切地体会到问题是什么，你就无法解决这个问题　127

做猪而不是鸡　　131

后记　如何学会伸展合作　　133

致　谢　　149

1 合作越来越必要，也越来越困难

> 形成伙伴关系、通过合作建立互相联系的强烈愿望，可能是自然界中最古老、最强大和最根本的力量。不存在孤立的、自由的生物：每种生命形式都依赖于其他的生命形式。
>
> ——刘易斯·托马斯（Lewis Thomas）

合作常常是必要的，而且通常具有挑战性。我们越需要它，就会发现越难实现它。

"我永远不可能和那些人合作！"

2015年11月，我促成了三十三位国家领导人举办首次研讨会。他们聚在一起是为了寻求方法解决他们国家最重要的问题：

不安全、不合法和不平等并由此引发的系统性崩溃。会议上的每个人都很担心这种情况,并决心为此做些什么,他们认为共同努力可能比单独行动更能有所收益。我认为这个项目相当重要,暗下决心竭力促成。

与会者来自各行各业,有政治家、人权活动家、军队将领、企业主、宗教领袖、工会会员、知识分子、记者。他们在意识形态上差异巨大,其中许多人是政治上、职业上或个人理念上的竞争对手。他们大多不认同、不喜欢或不信任对方。在他们的国家和这个群体中,猜疑和防御的情绪高涨。

为了解决他们最重要的问题,这些人需要合作,但他们不确定自己能否做到。

我原以为研讨会将一直波澜不惊。参与者们都在谈论他们截然不同的经历和观点,所有人都在一起,分成小组,一起吃饭,一起散步,一起到酒店外走访当地人和项目。他们开始谨慎地相互了解,希望能一起有所作为。

然而,在研讨会最后一天的上午,项目运营团队(由十一名当地人、我的同事和我组成)就一些进展不顺利的事情展开了一场争论,比如协调混乱、组织过失、沟通失败。一些组织者认为我的工作做得不好,第二天他们写了一份批评性说明,互相传阅。

团队中的一名成员把说明发给了我。组织者在我背后挑战我的专业知识和职业精神，我感到很不舒服，很失落。我害怕我期待从项目中得到的成果和收益会落空。我觉得我需要为自己辩护，所以我发出了第一封邮件，然后是第二封、第三封，解释为什么从我的专业角度看，我在研讨会上的做法是正确的。我知道我犯了一些错误，但我担心如果我现在承认这些错误，我将面临更大的危险。我确信，总的来说，我是对的，他们是错的；他们是恶人，而我是受迫害的英雄。

在那一周里，我与不同的组织者进行了电话交谈，我的态度变得强硬起来。我认为那些因为我们遇到的问题而责备我的人是在无意识地背叛我和我的团队的努力。我做出了反击并责备他们。我变得越来越多疑、独断和固执。我也想保护自己的安全，所以我变得越来越小心和谨慎。我决定，我不认同、不喜欢、不相信这些组织者，我不想就这个问题与他们接触，也不想再与他们共事。我真正想要的是让他们走开，让所有的不快都消失。

敌对化综合征

这种短暂而尖锐的冲突让我在内心深处感受到一种我思

考了很久的挑战。为了在这个对我来说很重要的项目上取得进展，我需要和其他人一起工作。其中包括我不认同、不喜欢或不信任的人。不知不觉中，我开始认为他们是我的敌人。这种内部分化将我们的合作置于险境。我们内部的这种小规模互动，再现了一个更大的国家系统的合作常态——不信任、分裂、崩溃——这个项目本应对抗这些。

在这个普通的事件中，我表现出了一种常见的行为或综合征，我把它称为"敌对化"（enemyfying）：认为和我们打交道的人是我们的敌人，认为是他们造成了我们的问题，而且正在伤害我们，并据此进行思考和行动。在不同的情况下，我们会用内涵不同的词语来形容其他人：他人、竞争对手、竞争者、对手、敌手、敌人。我们经常这样描述其他人，有时经过深思熟虑，有时漫不经心，甚至习惯性地这样表达。但敌人总是其他人：那些人。就像那些关于不规则动词变形的笑话，比如"我是坚定的，你是固执的，他是一个顽固的傻瓜"（I am firm, you are obstinate, he is a pig-headed fool.）。在敌对化方面，类似的是"我看问题的角度不同，你错了，她是敌人"（I see things differently, you are wrong, she is the enemy.）。

我们身边有很多敌对化的行为。它每天都在媒体中占据主导地位：人们不仅仅把他人视为要打败的对手，而且把他们视为要消灭的敌人。这些人被贴上各种各样的标签：民族主义者和世界主义者、移民和种族主义者、恐怖分子和异教徒。

2016年的美国总统大选充满了敌对化行为。在谈到唐纳德·特朗普（Donald Trump）的竞选活动时，喜剧演员阿西夫·曼德维（Aasif Mandvi）解释了"敌对化"是如何创造出一种自我延续的恶性循环的：

> 特朗普本质上是在利用这个国家最害怕的、种族主义的、排外的、基于恐惧的心态，但他也认为世界其他地方拥有这种心态是合理的。不管是极端组织"伊斯兰国"（ISIS）还是特朗普，他们的意思基本上是：你有理由感到害怕，你有理由感到被剥夺了公民权，你有理由感到愤怒，因为这个世界上有那些人的存在。

世界各地的政治话语中充斥着敌对化、诋毁和妖魔化的内容。不仅在政治领域，这种敌对化综合征也会在工作和家庭领域上演。

我常常把别人敌对化。我会告诉自己别人（同事、客户、供应商、邻居、家人）是如何把事情搞砸的。我知道，对于正在发生的事情来说，我告诉自己的故事并不完整，也不公平，而且讲述这些故事并不是一种有效的消磨时间的方式。我也知道很多人都是这样做的，例如，在婚姻关系咨询中，一开始大多数人都会想：我们的问题是我伴侣的错，我希望这次咨询能让他（她）明白他（她）需要做出改变。敌对化是诱人的，因为它向我们保证，我们很好，不需要为我们面临的困难负责。

敌对化是一种理解和处理真实差异的方式。它将我们极其复杂和多彩的现实简化为黑白两色，使我们能够理清正在发生的事情，并调动能量处理它。但是，正如记者 H. L. 门肯（H. L. Mencken）所说："对于人类的每一个问题，总有一个简单的解决方案——简便高明、看似合理，但却是错的。"敌对化会令人感到兴奋和满足，甚至令人感到公正和英勇，但通常会掩盖而不是清晰地呈现我们面临的挑战。它会放大冲突，收窄解决问题和发挥创造力的空间，用无法实现的决定性胜利的梦想令我们分心，无法专注于真正需要做的工作。

合作的核心挑战

我观察到并亲身经历过的这种"敌对化综合征"是合作的核心挑战。

在政治、工作和家庭领域中，合作既是必要的，也是困难的。我们想要做成一些对我们来说很重要的事情，但是要做到这一点，我们需要和那些观点与我们不同的人一起工作。问题越重要，观点差异越大，合作就越发必要和困难。

合作在词典上有两种定义，这两者之间的冲突反映了合作的核心挑战。它既指简单地"与他人共同工作"，也有"背叛，与敌人合作"的意思。因此，这个词会让人联想起一个慷慨和包容的故事，比如一个充满活力和创造力的工作团队（"我们必须一起合作！"），也会让人联想起一个堕落和做出不道德行为的故事，比如二战期间的法国（"通敌者去死吧！"）。

合作的挑战在于，为了前进，我们必须与他人合作，这些人中包括我们不认同、不喜欢或不信任的人，而为了避免背叛，我们必须不与他们合作。

这一挑战正变得越来越严峻。人们越来越自由和崇尚个人主义，因此人与人之间的差异越来越大，人们毫无顾忌地说出自己的观点，丝毫不尊重他人。人们的身份和关系更加多变。在新技术的推动下，已确立的政治、组织、社会和家庭等级制度正在瓦解。波动性、不确定性、复杂性和模糊性都在增强。

因此，我们越来越无法独自或仅与同事和朋友一起完成工作。我们越来越需要与他人合作，包括我们的对手和敌人，而我们发现越来越难做到这一点。

这种合作的挑战是美妙的,因为它是在威权主义和奴性弱化的情况下产生的。它也是可怕的,因为如果我们应对不好,将会产生前所未有的分裂、两极分化和暴力。我们必须找到一种更有效的合作方式。

当我们说"我永远不可能和那些人合作!"时,我们就面临着这个合作的挑战。这句常见的感叹是什么意思?也许我们的意思是,我们不想和那些人合作,或者我们没有能力,或不需要和他们合作。当我们认为与某些人合作是不合适、不可能或没有必要时,我们显然会试图不与他们合作或与他们作对,即避开他们或击败他们。

但是,当我们认为有必要与这些人合作时,我们该怎么做呢?这可能是因为我们担心我们无法避开或击败他们,或者他们拥有一些我们需要的技能或资源,或者我们认为排斥他们是错误的。

在这些情况下,我们会面临合作的核心挑战。我们看到这些人的价值观和行为与自己不同,我们相信他们是错的或坏的,我们感到沮丧或愤怒。尽管我们知道必须与他们合作,但我们希望事实并非如此。我们担心,我们将不得不牺牲或背叛我们认为是正确的,对我们而言最重要的东西。在这些情况下,尽管我们知道需要与这些人合作,但我们不知道如何才能成功地进行合作。

那么,我们怎样才能成功地与我们不认同、不喜欢或不信任的人合作呢?

2　合作并不总是最好的选择

《孙子兵法》（*The Art of War*）不只是关于发动战争。实际上，它是一本手册，告诉你如何在极端和混乱的情况下，如何在任何冲突中，有效而巧妙地工作。它不仅承认，在生活中冲突是不可避免的，而且还告诉我们，我们可以在不增加冲突的情况下实现我们的目标。这就是为什么人们会不断翻开本书——不是因为它告诉了人们如何更好地发动战争，而是因为它告诉了人们，只有很少的冲突需要靠发动"战争"来解决，在战争中，高度两极化的斗争耗尽了各方（国家、商业伙伴、同事、朋友）的资源。

——詹姆斯·吉米安（James Gimian）和
巴里·博伊斯（Barry Boyce）

只有当我们知道何时应该合作时，我们才会知道如何进行合作。合作只是我们在面对问题时可以采取的四种方法之一。合作并不总是我们最好的选择。

未来的道路尚不明朗

约翰和玛丽束手无策了。他们的儿子鲍勃又一次严重拖欠了抵押贷款，这一次他面临着失去房子的危险。他们为鲍勃和他的家人担心，但也厌倦了为他纾困。他们应该像以前那样给他钱来偿还贷款吗？他们应该发挥对他的影响力，使他行动起来吗？他们应该让他自生自灭吗？他们应该和他一起找出处理这种情况的方法吗？他们不确定该怎么做。

这个简单的小故事说明了，当面对具有挑战性的情况时，我们一开始会想要靠合作来处理问题。事情没有像我们希望的那样发展，特别是，其他人没有做我们希望他们做的事情。我们有几个选择。我们应该尝试合作吗？

"不可思议的选择是我们一起解决问题"

1991年，我在南非有一次鼓舞人心的经历，这使我第一次对合作的潜力产生了兴趣。当时，我在能源公司荷兰皇家壳牌（Royal Dutch Shell）的伦敦总部工作，负责开发全球社会—政治—经济发展场景：即该公司在未来的商业环境中可能会面对何种情形。一年前，F. W. 德克勒克（F. W. de Klerk）领导的白人政府释放了纳尔逊·曼德拉（Nelson Mandela），开始结束种族隔离，走向民主。西开普大学（University of the Western Cape）的两位教授彼得·勒鲁（Pieter le Roux）和文森特·马法伊（Vincent Maphai）有一个想法，就是用壳牌公司的场景方法学思考南非人要如何帮助他们的国家完成过渡。他们请我为这项工作提供方法上的指导，这就是我会促成蒙特佛利场景规划（Mont Fleur Scenario Exercise）的原因。

勒鲁和马法伊决定不与仅由他们的同事（就像我们在壳牌所做的那样）组成的团队合作，而是与来自整个种族隔离社会的领导人合作，其中有政治家、商人、工会成员、社区领导者和学者，黑人和白人，在野党和当权者，左派和右派。在1991年和1992年，我和这个团队一起工作了四个周末。令我惊讶的是，尽管他们之间存在着巨大的差异，但他们仍然能够愉快地、创造性地进行合作，为南非成功实现过渡做出了重要贡献。

我在蒙特佛利的经历颠覆了我对这个世界和我自己的生活中可能发生什么事情的理解。在我第一次去开普敦时，我听到了一个笑话,它诠释了我所目睹的一切:"面对我们国家最严重的问题,我们只有两个选择:一个实际的选择和一个不可思议的选择。实际的选择是我们所有人都跪下来,祈祷一群天使从天而降,为我们解决问题。不可思议的选择是我们一起解决问题。"我很喜欢这个笑话,在接下来的几年里,我给别人讲了很多遍。我看到,通过与他们的敌人合作,南非人成功地做出了这个不可思议的选择。

我对自己在蒙特佛利所做的事充满热情,所以我辞去了壳牌的工作,移民到开普敦,全身心地投入到那份事业中去。我确信合作是应对复杂挑战的最佳方式。在接下来的几十年里,我在世界各地领导了数十个大型合作项目,与他人共同创立了一家社会企业来支持这项工作,并写了三本书,介绍我和同事们发现的原则和方法。

然而,这些年来,我的一些经历让我时不时对合作的选择产生了疑问。例如,2003年,农业活动家哈尔·汉密尔顿(Hal Hamilton)和我发起了一次名叫"可持续食品实验室"的大规模合作。这次合作(目前发展势头仍然强劲)将联合利华(Unilever)、沃尔玛(Wal-mart)、星巴克(Starbucks)等公司,以及世界自然基金会(WWF)、牛津饥荒救济委员会(OOG)、雨林联盟(Rainforest Alliance)等非政府组织聚集起来,和农民、研究人员、政府机构一起,向更可持续的全球粮食系统加速迈进。

在我们召集可持续食品实验室创始成员的头几个月里,汉密尔顿和我与许多食品系统的领导者进行了交谈,看看他们是否有兴趣参与这项事业。他们中的许多人认为参与这项事业可以帮助他们在自己的可持续目标上取得更好的进展,到2004年年中,我们组建了一个足够大和多样化的团队,由此可以启动实验室了。

但召集工作中有一点给我留下了深刻的印象:我们邀请参加的三个组织经过深思熟虑后,都明确拒绝了加盟。一家跨国公司表示,他们更愿意自己追求可持续发展,以获得竞争优势。一个国际劳工组织表示,他们有兴趣成为这种组织的成员,但前提是他们具备足够大的力量,能够平等地与参与这个组织的公司进行接触。一家政府机构表示,他们的角色是独立于其他组织进行工作,这样他们就可以不带偏见地制定和执行法规。这三个组织都有理由认为合作不是他们最好的选择。

与此同时,从2000年到2012年,我曾断断续续地帮助一些委内瑞拉同事组织多方利益相关者进行合作,以应对他们国家面临的严重的经济、社会和政治挑战。但后来,我们的努力多次遇到乌戈·查韦斯(Hugo Chávez)的军人政府的反对,他们不愿意参与我们的项目，所以项目一直没有进展。

2011年，一位来自委内瑞拉反对党的国会议员告诉了我一个故事，这个故事反映了政治不合作的严重程度。"政府和国会的反对派成员过去可以在某些委员会里合作，"他说，"但现在政府完全拒绝与我们交谈。最近我和查韦斯党人的唯一一次谈话是在国会的一间男厕所里，其中一个在我隔壁方便的人小声对我说：'如果你们掌权了，别忘了我们，我们是朋友对吧？'"

最终我明白了，查韦斯政府拒绝参与我们的项目，并不是因为他们不理解合作的原则和带来的机会。我们不需要更谨慎地、用更具有说服力的语言再解释一遍。他们拒绝，是因为他们的战略在一定程度上建立在一个相反的逻辑前提下：把政治对手妖魔化为叛国的资本主义精英，这能帮助他们保住民众的支持。在这种情况下，从查韦斯党人（像其他国家的政治家一样）的角度来看，合作并不是他们最好的选择。

在这段时间里，当我试着帮助别人建立合作时，我自己也遇到了问题。我很难与人和谐相处，我会长时间默默地、心怀悲伤地疏远别人。我与另一位商业伙伴发生了三次旷日持久的冲突。每一次，我们的分歧都变得更加严重和尖锐，我们无法解决这个问题。这些经历令我感到困惑和尴尬：我担心我无法解决自己遇到的一般矛盾，这意味着我在指导别人解决他们的特殊矛盾时是在欺骗他们。

除了合作，还有三种选择

直到多年以后，在泰国，我才清楚地认识到选择合作所涉及的问题。

2010年8月，我应民众的邀请前往曼谷，他们对亲政府和反政府力量之间持续的政治冲突感到担忧。他们担心动荡、两极分化和暴力可能会失控，最坏的情况是演变成内战。这个群体召集了来自泰国政治、商业、军事、王室和公民社会组织的领导者，这些人代表了冲突中的许多派别，他们中的大多数人都把问题归咎于对方。然而，他们愿意就一个对他们所有人都很重要的问题展开合作："我们想把一个怎样的泰国留给我们的孩子？"

我参加了这些研讨会，也参加了许多不同人士参与的小型会议，试图帮助他们找到解决冲突的方法。对于这些研讨会来说，泰国的历史、文化和价值观是独一无二的。但泰国人也在努力应对世界各地的社会动态，所以与这个团队合作让我学到了应对这些动态的一般经验。

这个团队在2013年4月到8月期间研究了他们国家发生的

事情。他们互相交流各自的经验和认识,并与学术专家和普通人见面。潜心钻研后,他们发现泰国面临着三个复杂挑战:社会和文化紧张局势、经济和环境压力,以及政治和制度约束。他们一致认为,泰国未来的发展更多地取决于他们为应对这些挑战采取什么具体措施,而不是他们应对这些挑战的立场。

该团队表示,泰国人在应对本国面临的挑战时可以采取三种基本立场。他们把这三种立场命名为我们适应、我们强制、我们合作。

在"我们适应"这一块,泰国人会继续照顾好自己、家庭和组织,而把解决更大社会挑战的任务留给其他人,尤其是政府和精英。这是大多数个人和组织的惯常应对方式。

在"我们强制"这一块,许多人会参与政治运动,推动或实施自上而下的解决方案应对这些挑战。他们会为胜利而战。泰国人在过去曾采取过这种立场,最近一次是在2008年至2010年的政治动荡期间。

在"我们合作"这一块,许多人将参与新的跨派别和跨部门的努力,以开发大量自下而上的解决方案。这种做法在泰国的先例最少。

该团队的主要结论是,如果泰国人采取的主导立场是两种最常见的——"我们适应"或者"我们强制",他们将无法应对复杂的挑战。挑战太过复杂，社会也太过两极分化，要想取得成功，不能由任何特定的专家和当局自上而下发号施令。只有当他们采取不那么为人所熟悉，以及更具有包容性的"我们合作"立场时，他们才能应对挑战。随后，该团队在泰国发起了一场运动构建这种能力，他们把这场运动称为"我们可以合作"。我对他们得出了这些结论感到高兴，因为它们符合我长期以来对合作的信念。

2013年11月，我回到泰国，帮助这个团队完成我们的报告。然而，我们对这个国家可能发生什么事情的思考，很快就被我们在电视上看到的正在发生的事情所取代。政府曾试图通过一项法律，赦免在前几次动乱期间犯下罪行的政客，成千上万的反政府抗议者认为这项法律属于暗箱操作，他们组织了大规模集会，闯进政府大楼，要求用一个他们指定的委员会取代民选议会。双方的敌对升级，他们都谴责对方是不理智的、邪恶的或叛国的。这个泰国团队最担心的是国家会陷入内战，此时看来完全有可能会发生。

我对"我们合作"方案的失败感到震惊和失望。更令我惊讶的是，我的许多泰国同事都相信，在这个关键时刻，合作意味着投降，他们通过热情地支持或反对政府行动，正在采取由"我们强制"转化而来的行动。

2014年的头几个月，泰国的议会、法院和街头持续发生政治冲突。反政府抗议者占领了曼谷市中心的部分地区，占领了政府大楼，强行阻止了新政府的选举。政府宣布进入紧急状态，并试图封闭被占领的地点。双方进行了会谈，试图解决冲突，但都失败了。最后，在2014年5月，军方实施了他们自己的"我们强制"方案：他们发动了一场政变，建立了一个军政府来管理国家，宣布实行戒严，审查媒体，逮捕政治家和激进分子——包括我们团队中的一些人。

在泰国历史上的这几个月里，这个团队所描述的三种选择都在发挥作用。但随着国家危机的加剧，许多泰国人抛弃了"我们适应"和"我们合作"，采取了"我们强制"的立场。他们认为与对手和敌人合作是难以接受的。他们不认为合作是最好的选择。

在接下来的几个月里，我多次与我的泰国同事探讨所发生的事情及其意义。我们对这个团队的想法谈论得越多，我越觉得它有价值。我开始相信，这个团队已经发现了一个可供选择的原型框架，这个框架不仅可以帮助泰国人，也可以帮助我们所有人处理我们面对的具有挑战性的情况。

合作应该是经过深思熟虑的选择

我在泰国了解到,在政坛、工作或家庭中,无论何时遇到有问题的情况,我们都有四种应对方式:合作、强制、适应或退出。(泰国的团队没有讨论退出,因为他们关注的是如何在国内实现变革。)有时,对我们来说,并非所有的选择都是可行的。例如,我们可能没有强制的手段。但我们总是要在这四个选项中做出选择。

许多人认为合作是最佳的和正确的选择,他们认为我们都是相互联系和相互依赖的,应该合作。这是我从蒙特佛利学到的一课,但现在我认为这不完全正确。我们不可能总是和每个人合作,也不可能永远不和任何人合作,所以合作并不总是对的或错的。在实践中,我们必须在不同的情况下决定是否合作。

我们可能会理性地、凭直觉地或习惯性地做出这个决定,但无论如何,我们都需要清楚地了解每种选择暗含的机会和风险。

当我们想要改变我们所处的情况时,我们会尝试合作,并且我们会认为只有与他人合作(多边)才能做到这一点。我们认为,当我们独自一个人时,我们不会知道需要做什么,或者,即使我们知道,也不能成功地完成它。我们可能想要合作,也可能不想合作，但我们认为，在这种情况下，我们需要合作。

当我们与他人（可能是对手和敌人，也可能是同事和朋友）合作时，我们就有机会找到一条更有效的前进道路，从而对我们的处境产生更大、更持久的影响。但合作并不是万能药：它所带来的风险是，它产生的影响太小、太慢，在这个过程中，我们需要做出太多妥协，甚至被人利用，放弃对我们最重要的东西。例如，在20世纪90年代初，南非人选择在蒙特佛利和其他地方合作，通过谈判实现向民主的过渡。大多数人认为这是最好的选择，但这个决定和它所带来的妥协在当时引起了争议，现在更是如此。

当我们认为我们应该并且可能能够在不与他人合作（单方面）的情况下改变我们的境况时，我们会尝试强制。我们认为，无论是单独行动还是与同事和朋友一起行动，我们都最清楚需要做些什么，而且毫无疑问可以把这一点强加于人。我们可以用和平或暴力引诱或挫败他人，或者运用我们的思想、技能、支持者、选票、权威、金钱或武器实现这一点。

处理问题情况的四种方法

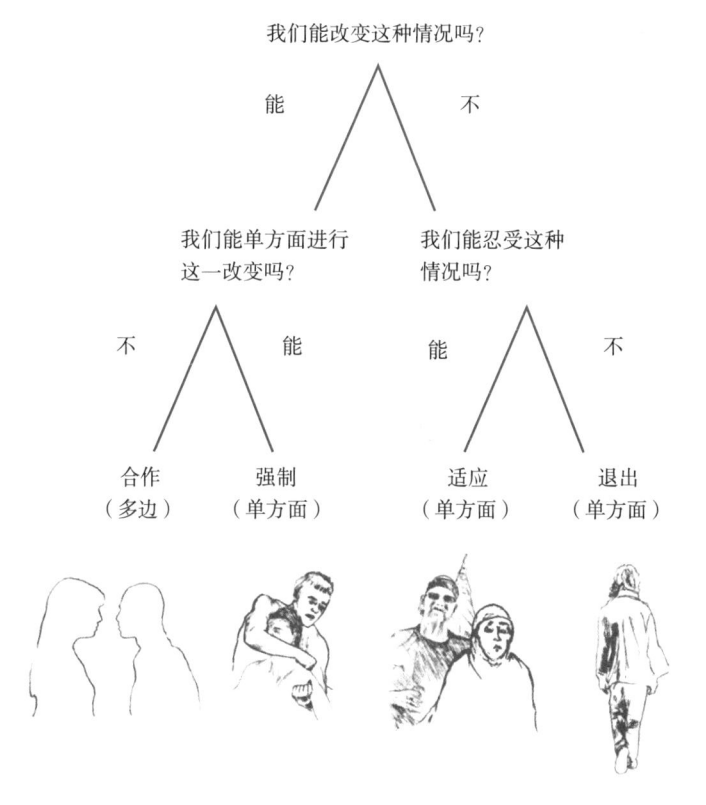

```
            我们能改变这种情况吗?
              /            \
           能                不
           /                  \
   我们能单方面进行        我们能忍受这种
   这一改变吗?            情况吗?
     /      \              /      \
    不       能            能       不
    /        \            /         \
  合作      强制         适应        退出
 (多边)   (单方面)     (单方面)    (单方面)
```

2　合作并不总是最好的选择

强制符合一种思维方式,这种思维方式对许多人来说是自然的和习惯性的。他们相信在大多数情况下,强制是促成改变的最好的(甚至也许是唯一现实的)的方式。他们认为,为实现正义的目标而使用强制手段在原则上是正确的,不这样做是错误和懦弱的。强制的风险在于,当我们试图完成我们认为需要做的事情时,其他持不同观点的人会反对,因此我们不会得到我们想要的结果。2014年,泰国冲突的双方试图用强制手段得到他们想要的结果,然后军方对他们采取了强制手段。许多人认同军方采取的行动,因为它阻止了暴力升级,但这次行动在应对该国的挑战方面并没有取得多少进展。

当我们认为我们无法改变自己的处境时,我们会尝试适应,所以我们需要找到一种方式接受当下的情况。适应可能需要我们运用大量的智慧、创造力和勇气,但我们需要在有限的范围内做到这一点。我们相信,我们无法改变发生在自己影响范围之外的事情,我们无法改变游戏规则,所以我们必须尽可能地玩好这场游戏。因此,我们专注于尽我们所能做到最好,而忽略,或逃避,或适应周围正在发生的事情。

当我们选择适应时,我们可以继续过自己的生活,而不必花费精力去改变那些我们无法改变的事情。有时适应给我们带来的影响很好,有时则隐患连连,但这是我们能做的最好的选择了。风险是，我们所处的环境可能非常恶劣，以至于我们无法适应，甚至要很努力才能生存下来。拒绝参加可持续食品实验室的三方认为，如果他们能在现有的体系内工作，而不是进行新的合作改变这个体系，他们就最容易实现自己的目标。

当我们认为我们无法改变自己的处境，而且不再愿意接受它时，我们就会试着退出。我们可以通过放弃、分离和辞职来退出。有时候，退出很简单，也很容易，有时候，退出需要放弃很多对我们而言很重要的东西。在委内瑞拉，已经有超过一百万人因为对本国的危机感到绝望而选择了移民。

在详细阐述这四个选项后，我能够更好地理解我在与商业伙伴发生冲突时所做的事情。首先，我会试着去适应：寻找一种方法去做我想做的事情，同时适应当下的伙伴关系，也就是努力与人相处融洽。当这行不通时，我会尝试合作，但我没能成功。我害怕冲突，担心自己会受伤或丢面子，所以我会退缩，试图保持礼貌和克制。这使我无法以一种允许我们继续合作的方式来解决我们之间的分歧，而且我发现这种冲突是如此令人不安，所以如果我们不能达成一致，我不知道要如何继续合作。最后，我会试着采取强制手段：试着让事情变成我想要的样子，即使我的伙伴并不希望如此。在某些例子中，我赢了，我的对手被迫退出了合作，但有时是我退出了。

我们可以从力量的角度看待我们从这四个选项中做出的选择。从这个角度来看,只有当合作是实现目标的最佳方式时,我们才会选择合作。更具体地说,当单方面的适应和退出令人难以接受,而且单方面的强制不可能时,我们会选择进行多边合作。换句话说,当别人比我们更强大时,我们会选择适应或者退出,这样事情就会按照他们希望的方式发展;当我们更强大时,我们就会选择强制;只有在双方实力相当,都不能把意愿强加给对方的情况下,我们才会选择合作。

当然,我们不能单方面选择合作。当我们和其他人都同意我们需要并且想要合作时,开始合作就理所应当了。但实际情况常常是,我们想要合作,而其他人不想(或者相反)。其他人认为退出或适应(不与我们打交道)或者强制(打败我们)比合作(和我们一起工作)更好。在这种情况下,我们可以等待他们对自己单方面选择的可行性感到沮丧、怀疑或绝望,从而增加合作的兴趣。或者,我们可以采取行动,促使他们选择合作,例如,表明我们愿意并能够进行对抗。或者,我们可以采取行动,增加他们对合作可行性的兴奋感、好奇心或希望,例如,让第三方保证行动的安全性。

最后,我们决定合作,可能不仅仅因为我们所处情况的特点,还与我们的一般偏好有关。我们可能有一些(政治的、社会的、文化的、心理的、精神的）理由，更喜欢合作、共存、交融。

合作不是我们唯一的选择，所以我们需要清醒地思考，在某一种情况下，是选择合作，还是选择强制、适应或退出。但是让我们假设，不论我们的理性、直觉和偏好是什么，我们都会选择合作。然后，我们面临着下一个问题：如何才能成功地进行合作？

3　传统的合作正变得过时

> 难的不是开发新思路,而是摒弃旧观念,对于那些像我们大多数人那样被抚养长大的人来说,旧观念会渗透进我们思想的每个角落。
>
> ——约翰·梅纳德·凯恩斯(John Maynard Keynes)

我们最常见的默认合作模式是处于控制之下的。但在大多数复杂和有争议的环境中,这种模式不会也不可能行得通。

退缩阻碍行动

约翰和玛丽在讨论如何解决他们儿子鲍勃的经济问题。他们想要帮助他,而且经验告诉他们,不能强迫儿子做任何事。他们不想互相争吵,也不想和鲍勃争吵。所以他们需要找到一个办法来共同解决这个问题。

约翰采取了给予指导的方法。他认为鲍勃把自己的生活搞得一团糟已经很长时间了，他们需要让他把问题一劳永逸地解决掉。玛丽认为鲍勃的生意经营得很困难，他们应该给他一些钱，这样他的孩子们就不会受苦，但她愿意采用约翰的方法。他们达成了一个短期的妥协方案：他们将给鲍勃他需要的钱来偿还他的抵押贷款，但也会和他说清楚这将是最后一次。

约翰约鲍勃一起吃午饭，听鲍勃讲述他的情况，然后用同情的语气告诉鲍勃，他和玛丽愿意做些什么来帮助他。鲍勃感到自尊心受挫，但还是感谢约翰，接受了他的提议，并承诺会更加小心地理财。

鲍勃回到了家。他告诉妻子简，能得到一些帮助让他松了一口气，但他讨厌父母像对待孩子一样对待他。他不知道如何改变自己的做事方式，所以他的财务又出现了问题。约翰和玛丽感觉自己被利用了，感到很失望。他们四个都退缩了，他们在一起的时间更少，关系也变得更冷淡。他们没有在问题上取得任何进展，事实上，现在他们感到更加沮丧和愤怒。

变革管理以控制为假设

在我最初的所有工作和许多咨询项目中，我一直都为大型组织工作：企业、政府机构、研究机构。所以我明白这类组织是如何运作的。下面这个故事描述了一个组织的变革过程。

苏珊·琼斯（Susan Jones）是一家大型医院的首席执行官，这家医院正面临着令人困惑的社会、经济和技术环境的变化，因此它的临床和财务表现一直不佳。她说服董事会通过了一个综合项目改变医院的运作。她知道，推行这个项目将需要许多专业人员，包括医生、护士、研究人员、技术人员、行政人员，对他们正在做的工作做出许多改变，因此，她无法单方面指示或强迫他人做出这种努力，所以她决定用合作的方法推行这个项目。

琼斯组建了一个改革团队，成员包括医院所有部门的二十五名最高管理者。她组织了一场非现场研讨会，这样他们就可以组成一个团队，就改革的计划达成一致。她聘请了专家顾问，诊断医院存在的问题，提出解决方案，并向研讨会提交报告。她把研讨会的重点放在对病人和整个医院最有利的事情上，坚持要求她的经理们把部门议程放到一边。

到研讨会结束时，这个团队已经就顾问建议的解决办法制订了实施计划,并达成了一致。这份计划具体规定了每个部门为了实施改革必须做些什么,以及为了确保按时、按预算执行改革计划,将采取什么奖励和处罚措施。琼斯和她的团队很高兴完成了这项重要而复杂的任务。

琼斯给医院全体员工发了一封电子邮件,宣布改革正式开始。但他们中的大多数人都以玩世不恭和自我防卫的态度面对这件事情。他们怀疑这行不通,他们担心自己将不得不降低专业标准,他们害怕自己的工作将变得不那么令人满意和安稳。他们责怪琼斯、管理者、顾问和其他部门的人。公共卫生官员和患者也在社交媒体上表达了担忧。

当管理者开始实施他们的计划时他们遇到了意想不到的复杂情况,出现了延迟和超支,遇到了阻力。管理人员越努力地推行计划,事态就越停滞不前。临床和财务表现越来越差。最后,董事会宣布改革项目失败了,他们取消了这个项目。人们纷纷开始指责琼斯。

在进行合作改革时,琼斯犯了三个典型的错误。

首先,她把所有关于这个项目的讨论都集中在医院的整体利益上。在这样做的过程中,她忽略了一个至关重要的事实:不同的部门和个人对正在发生的事情和应该发生的事情有着截然不同的看法,改革会产生赢家和输家。琼斯还忽略了一个会引起麻烦的事实：在"整体利益"的对话中，只有对她来说，整体利益和个人利益（她的报酬和事业）是相同的，其他人的利益在很大程度上取决于他们的部门和工作会发生什么变化。并不是只有一个整体需要被优化，实际上有许多个整体需要进行管理，提出建议，如果不这么做，就是把这个过程简单化，试图操控整个进程。

琼斯犯的第二个错误是，在试图推进改革的过程中，她和她的顾问们努力清晰地表述问题、解决方案和计划。但是医院的情况太复杂了，有太多的人有他们自己的观点和建议，他们无法在实质上真正达成一致。他们不仅无法就有效的方案达成一致，在尝试之前，他们也不知道什么方案才是有效的。很多人都有自己的观点，但没有人真正知道该怎么做。改革不应该在现有的固定选项中进行选择，而应该在工作展开过程中共同创建新的选择。

第三个错误在于琼斯、管理者和顾问如何看待推行改革需要他们做些什么。他们认为变革管理意味着让其他人（下属、供应商、病人）改变他们的价值观、想法和行动。其中暗含了一条基本的等级假设，即地位更高的人改变地位较低的人，这条假设使得每个人都处于防卫状态：人们不讨厌改变，但他们不喜欢被改变。推行这种改革需要每个人都乐于学习和改变。

"只有一个正确答案"

我接受所有的训练都是为了成为一个问题解决专家。1979年,我开始在家乡蒙特利尔(Montreal)的麦吉尔大学(McGill University)攻读物理学本科学位,我为自己能进入这样一个充满智慧的专业领域而感到自豪。我喜欢在晚上做数学题。我在考试中取得了很好的成绩,因为在考试之前,我已经能做出课本上的每一道题。

1981年夏天,我参加了一场全球科学家会议,讨论核战争等重大问题。我写了一篇会议论文,对使用飞机而非卫星来监控武器条约的遵守情况提出了一个合乎逻辑但天真的观点。我的一位导师用一句我从未听过的话批评我的论文:"不要让最优秀的人成为善的敌人。"我感到很惊讶,这种问题并没有简单的正确答案。

在这次会议期间,我听了一场关于能源生产的环境问题的演讲,并被这个重要的公共问题吸引。因此,1982年,我开始在加州大学伯克利分校(University of California, Berkeley)攻读能源与环境经济学的硕士学位,该学位旨在训练学生对复杂的政策问题进行理性评估。我的硕士论文证明了巴西政府用糖类作物制取的乙醇代替汽油的计划是不经济的。然后,我收到了来自美国、法国、奥地利和日本的一系列短期研究邀请。在这些地方，我都被分配了同样的任务：为一些复杂的问题找出最佳的政策解决方案。

1986年，从伯克利毕业后，我在太平洋煤气电力公司（Pacific Gas & Electric Company）担任企业规划协调员。我的工作本质是对公司高管提出的业务问题做出快速而简洁的回答。有一次，我参加了公司执行委员会的战略规划会议，看到他们不仅根据我和同事准备的分析报告做出决策，而且还根据习惯、政治倾向和游戏规则做出决策，我感到很震惊。

1988年，二十七岁的我获得了荷兰皇家壳牌公司全球规划部的一份工作。这些年来，我得到的最普遍的反馈是我很聪明，但是很傲慢，我认为这两点的共存是可以接受的。壳牌的人也有类似的名声，所以当我开始工作时，我觉得那里很适合我。

壳牌的企划部配备了来自整个公司和外部智库的聪明人。我们的工作是向壳牌高管发出挑战，让他们关注世界上可能带来新业务风险和机遇的变化。我们通过阅读和与来自世界各地的人交谈来构建未来的可能情景，然后在内部争论几个月的时间，探讨我们所注意到的事物及其意义。我的办公室窗户俯瞰着英国议会大厦（British Houses of Parliament），我想象着我们和议员们一样，正在进行激烈而合理的辩论，寻找最佳答案。

当我在壳牌时，我很自信我知道如何解决复杂的问题。我从各类训练中内化的模型有三个基本步骤，聪明人通盘考虑问题和解决方案，并制订执行方案的计划。然后他们让掌权者批准这个计划。再然后掌权者指示他们的下属执行计划。在我看来，这一切都是显而易见、合情合理的。后来，我在壳牌的老板凯斯·范·德·黑伊登（Kees van der Heijden）解释说，这种模式为所有传统的战略规划提供了基础，它属于：

把思想和行动分开的理性主义学派。其隐含的基本假设是，存在一个最佳解决方案，而战略家的工作就是运用有限的可用资源，尽可能接近这个方案。在确定了最佳的前进方向之后，将单独讨论战略实施问题。

传统合作的局限性

在蒙特佛利的经历之后，我离开了壳牌去促成这样的合作，应对复杂的公共挑战。几乎所有和我一起工作的人（世界各地的政府、公司、非营利组织中的人）都在使用我所学到的传统的、理性的、线性的、层次分明的三步模式的某种变体。我试着在我的合作中运用这种模式，但没有成功。

我所观察到的是，那些一起面对复杂挑战的人几乎从不遵循这三个步骤，即使他们认为他们应该这样做。他们经常得到有用的成果，比如新的关系、见解、承诺、方案和能力，但他们很少通过执行一个商定的计划实现这些。有时他们会得到一些成果，有时得到另一些东西；有时他们最终做的事情接近他们最初的意图，有时他们会做出根本性的改变；有时他们只能短暂地合作，有时合作会持续多年；有时他们在前进过程中意见一致，有时会发生激烈的争论。在实践中，他们一边前进，一边思考接下来该怎么做。

很长一段时间以来，我一直认为合作的不可预测性可以通过参与者更明确地或更自律地遵循这三个步骤（加倍地进行规划和控制）来弥补。但最终我意识到，我心目中的常规模式在复杂和存在冲突的情况下根本行不通。

后来我了解到，我用解答物理问题的方式应对政策和战略问题，其实是犯了一个常见的错误。1973年，霍斯特·里特尔（Horst Rittel）和梅尔文·韦伯（Melvin Webber）写道：

> 由于社会政策问题的性质，为正视这些问题而寻找科学依据的努力注定要失败。它们是"调皮的"问题，而科学是用来解决"驯服的"问题的。我们无法明确地描述政

策问题。此外,在一个多元化的社会中,没有什么能比得上无可争议的公共利益;公平没有客观的定义;应对社会问题的政策或正确或错误,但谈论对错没有意义;谈论社会问题的"最佳解决方案"也毫无意义。更糟糕的是,没有明确和客观的"解决方案"。

当我开始质疑我一直在使用的解决问题的传统模型时,我意识到它是多么不适合用于我正在努力促成的合作。

困难始于一个假设,即只有一个正确答案。确信我们知道正确的答案,就不会给其他人的答案留下太多空间,因此合作就变得更加困难。2010年我第一次去泰国时,就看到了一个生动的例子。我的东道主在三天的时间里与来自泰国社会各界的三十位最高领导者连续召开了数场会议。几个月前,支持和反对政府的力量在曼谷发生了激烈的冲突,在这些会议上,我们听到了对所发生事件、原因为何以及谁应该受到谴责的几种截然不同的叙述。我发现这一系列杂乱无章的对话令人困惑。但仔细一想,我意识到我们听到的每一个故事都有一条线索。每个人都曾用这样或那样的方式表达过:"这种情况的真相是……"

这是在复杂和有争议的情况下试图建立合作的典型起点。

通常情况下，大多数人都确信他们知道自己处于什么样的情况。他们是对的，其他人是错的；他们是无辜的，其他人是有罪的；只要别人听他们的，同意他们的，那么情况就会得到纠正。在太平洋煤气电力公司和泰国这样的等级制度中，这种程度的确定性可能是危险的。"我是对的，你是错的"的信念很容易变成"我应该是更高级的，你应该是更低级的"。这不是促成合作的良方，而是一种退化的强加。

为了保护我们的自我意识，我们坚持自己是正确的。2009年，我在参加于哥本哈根举行的国际气候变化磋商会议时，与柏林研究员安雅·克内（Anja Koehne）进行了简短的交谈。她批评了德国在磋商中面对其他国家时采取的立场，她的表述让我感觉如箭穿心："感到优越已经成了一种生存状态。"这句话告诉我，我执着于赢得争论和保持正确，部分原因是我认为优越是我身份的一部分。我担心如果我错了，我将失去我的一个重要部分，我不仅会失败，而且会成为一个失败者。只有当我能不再执着于成功时，我才能放下自己知道正确答案的信念。

因此，在复杂和有争议的情况下进行合作的典型起点是，参与者在解决方案是什么，甚至在问题是什么上都没有达成一致。对于正在发生的事情、原因为何以及谁需要为此做些什么，他们每个人都有自己的答案。处理这种情况的一种方法是把参与者当成触摸大象的盲人。在这个寓言中,摸到腿的盲人说大象像一根柱子,摸到尾巴的盲人说大象像一根绳子,摸到侧面的盲人说大象像一堵墙……这个寓言表明,合作中的每个参与者都对他们所参与和关心的情况有不同的看法,如果每个人都表达了自己的看法,那么他们就可以一起构建一幅更完整的图景。

但是,为整体形势构建一个统一模式通常是不可能做到的。未来学家唐·迈克尔(Don Michael)指出:

> 在当今世界上,我们当中最优秀的人只知道大象的一小部分,现在这个世界有这么多不同的部分,它们变化得如此之快,互相之间又如此紧密地联系在一起,即使我们有办法把它们放在一起,我们仍然无法理解整体。

因此,我们需要做的不仅仅是把不同的真相集中在一起形成一个更大的真相。

政治哲学家以赛亚·伯林(Isaiah Berlin)进一步阐述了这一观点。他说,试图达成并实施一套单一的理解和价值观不仅是不可能的,而且是危险的:

如果你真的相信人类所有的问题都有解决的办法，而且人们可以构想出一个理想社会，只要做了必须做的事情，这个社会就可以变为现实，那么你和你的追随者一定认为，为了打开这样一个天堂的大门，付出再高的代价也不为过。

这背后的根本信念是，人类生活的核心问题，无论是个人的还是社会的，都有一个可以找到的正确答案。这种想法是错误的。不仅是因为不同的社会思想流派所给出的解决方案不同，且没有一种方案可以用理性的方法来证明，还有一个更深层次的原因。大多数人在很多时候、很多地方践行的核心价值观，不是完全普遍的，也不总是相互协调的。

因此，我们必须权衡、衡量、谈判、妥协，并防止一种生命形式被它的对手摧毁。我非常清楚，这不是理想主义的、热情的青年男女可能希望在它下面游行的一面旗帜，它似乎太平淡、理智、资产阶级化了，它不涉及慷慨的情感。否认这一点，寻找一个包罗万象的理想，因为它是人类独有的、唯一真正的理想，就必然会导致强迫。然后是毁灭，流血。

因此，与不同的人合作不可能也不需要在一个单一的事实、答案或解决方案上达成一致。相反，我们需要在没有或超越这种一致性的情况下寻找共同前进的方法。这不仅适用于工作，也适用于家庭。婚姻治疗师约翰·戈特曼（John Gottman）做了一项研究，迈克尔·富尔怀勒（Michael Fulwiler）对这项研究进行了探讨，这项研究提出：

> 69%的亲密关系冲突是关于长期存在的问题。所有的夫妻都有这样的问题，这些问题是基于任何两个人所面临的根本差异。要么是你们性格上的根本差异导致冲突不断，要么是你们在生活方式上的需求存在根本差异。我们从研究中得出的结论是，相比解决他们的长期问题，更重要的似乎是夫妻是否能就这些问题建立对话。如果他们不能建立这样的对话，冲突就会变得僵持不下，而僵持不下的冲突最终会导致情感上的疏离。

因此，我在职业生涯的第一阶段学到的传统合作方式用处有限。它只在简单的、可控的情况下行得通，在这种情况下，每个人都同意或赞同，而且他们的行动产生了他们想要的结果。在大多数社会系统（家庭、组织、群体、国家）中，复杂性在增加，控制在减少，于是这种情况更少出现。因此，传统的合作方式正变得过时。

当我们错误地认为我们正在处理的情况是简单和可控的，因此认为传统的合作是适用的，我们就会陷入困境。在这种情况下，我们采用传统的合作方式，因为它很熟悉、令人感到舒服，而且我们知道它能行得通。但结果它行不通，这么做就增加了敌对情绪，使我们的处境更加艰难。这让我们本能地紧张起来，继续加大传统合作的力度。有句讽刺的话是这样说的："让你陷入麻烦的不是你不知道的东西，而是你确信有用，但实际上并非如此的东西。"

传统的合作只在简单、可控的情况下行得通。在其他情况下，我们需要运用伸展合作。

失 控

4　伸展合作正变得至关重要

人唯有愿意长时间看不到海岸,才能发现新大陆。

——安德烈·纪德(André Gide)

对大多数人来说,伸展合作是不熟悉和令人感觉不舒服的。

伸展会创造弹性和不适感

约翰和玛丽正在解决他们儿子鲍勃的问题,鲍勃又一次拖欠了抵押贷款。但这一次,他们试图采用伸展合作法而不是传统合作法。

他们三个人感受到了家人之间爱的联系,但他们也承认,现在他们有着不同的经历、观点和需求。他们开诚布公地谈论这些差异:约翰说,面对儿子的问题,他感到愤怒和无助；玛丽说她很担心她的孙辈，也担心她和约翰舒适的退休计划会受到威胁；鲍勃说他把所有的精力都放在了苦苦支撑的生意上，希望他的家人能支持他，而不是批评他。这场战斗令人心烦，也让人觉得安慰，他们仍然无法达成共识，但他们都觉得对方更加理解自己了。

他们意识到在真正的问题是什么或者解决方案是什么上并没有达成一致，也许他们永远不会达成一致，也许他们真的不知道答案是什么。但是，他们愿意尝试一些他们认为可能有所帮助的新举措。约翰为鲍勃的公司担保了一笔银行贷款；玛丽帮助鲍勃的妻子简找了一份工作；两对夫妻一起探讨他们面对的情况；约翰和鲍勃与孙辈们一起过星期六。并不是他们面对的挑战突然变得轻松了，而是他们更加开放的态度使他们能够看到并尝试一些新的可能性。鲍勃和简的经济状况开始好转。

他们四人之前都曾试图改变其他人正在做的事情，但没有成功过，现在他们不再试图如此行事。相反，他们每个人都考虑了自己可能可以做出何种改变。约翰努力与鲍勃探讨财务以外的问题；玛丽更坚定地对约翰提出异议；鲍勃与一位小企业顾问进行了交谈；简接管了他们的家庭预算。

这些转变都有助于减轻他们对彼此以及自身处境的愤怒和沮丧。他们身上的经济和情感压力并没有消失，仍有可能压垮他们。但现在他们更能团结在一起，深思熟虑地应对这些压力。

所有人都发现，从传统合作转变为伸展合作是困难的。他们对伸展感到不舒服，在这个过程中，他们需要开放地接受更大的冲突和建立更真诚的连接，尝试采取不熟悉的、可能行不通的新行动，接受自己的角色，对正在发生的事情负责。但他们希望这种不同的方法能更好地发挥作用。

如何结束一场内战

如果我们不能通过强制、适应或退出应对我们的挑战，那么我们将需要进行合作。如果我们面临的挑战是复杂和有争议的，那么传统的合作方式将行不通，我们需要采用非传统的合作方式。

1991年我在南非的经历让我初次领略到了这种非传统的方法。但直到后来在哥伦比亚，我才弄清楚这种新方法是如何起作用的，以及它与我所学习的传统方法有何不同。

自20世纪60年代以来，哥伦比亚一直是世界上暴力问题最严重的国家之一，军队、警察、两支左翼游击队、右翼准军事治安维持会成员、毒贩和犯罪团伙之间不断发生武装冲突。冲突造成了数十万平民死亡，迫使数百万人逃离家园。

1996年，一位名叫胡安·曼努埃尔·桑托斯（Juan Manuel Santos）的年轻政治家访问了南非，并拜见了纳尔逊·曼德拉（Nelson Mandela）。桑托斯认为这样的合作可能会帮助哥伦比亚人找到解决冲突的方法。他在波哥大组织了一次会议，探讨这种可能性，并邀请我参加。

参加会议的有将军、政治家、教授和公司总裁。哥伦比亚革命武装力量（FARC, Revolutionary Armed Forces of Colombia）的几位领导人在山区的一个藏身处通过无线电参加了这次会议。参与者发现自己身处这样一个混杂的群体中，感到既兴奋又紧张。一名城市议员看到房间另一头坐着一名准军事军阀，就问桑托斯：“你真的觉得我会和这个五次试图杀死我的人坐在一起吗？”桑托斯回答说：“确实如此，但他没有第六次试图杀你，所以，我邀请你坐下。”

除了这次会议，他们还启动了名为"哥伦比亚命运（Destino Colombia）"的合作项目。一个组织委员会召集了一个由四十二人组成的小组，他们代表了小规模的冲突，其成员有：军官、游击队和准军事部队；活动家和政治家；商人和工会会员；地主和农民；学者、记者和年轻人。

这个小组在四个月里聚了三次，聚集时间总共是十天，地点在麦德林郊外的一个殖民地时期的农场。哥伦比亚革命武装力量和较小规模的民族解放军（ELN，National Liberation Army）这两个非法的武装左翼游击队组织都参加了。虽然政府为他们提供了安全通道，但游击队认为这太冒险了，所以我们安排他们通过电话参加小组会议。三名来自最高安全级别监狱的政治犯和一名流亡哥斯达黎加的政治犯也被邀请参加会议。

小组的许多成员是第一次和游击队员谈话，他们害怕他们会因所说的话遭到报复。我们在会议室里用两个免提电话交流。当人们经过免提电话时，他们会下意识把电话放在较远的地方，因为他们害怕离电话太近。当我提到这种恐惧时，一名游击队员注意到，我们现在所处的微观世界反映了宏观世界的情况，他说道："卡亨先生，为什么房间里的人害怕我们，你会感到惊讶？整个国家的人都很怕我们。"然后他承诺游击队不会因为任何人在会议上说了任何话而杀害他。

雅伊梅·凯塞多（Jaime Caicedo）是极左的哥伦比亚政党的秘书长，伊万·杜克（Iván Duque）是极右准军事组织哥伦比亚联合自卫队（AUC，United Self-Defense Forces of Colombia）的指挥官。一天晚上，凯塞多和杜克很晚才睡，他们和退休将军胡安·萨尔塞多（Juan Salcedo）聊天、喝酒、弹吉他。第二天早上,会议开始时,凯塞多不在会议室,我问大家他在哪儿。他们玩笑似的猜测起了他的可能行踪。一个人说:"将军让他唱歌。"然后,杜克凶狠地说:"最后见到他的是我。"我担心凯塞多被谋杀了,几分钟后当他走进房间时,我松了一口气。

(多年以后,我听到了这个故事的真正结尾。杜克去丛林见他的上司卡洛斯·卡斯塔尼奥——哥伦比亚联合自卫队臭名昭著的头儿。卡斯塔尼奥兴奋地告诉杜克,联合自卫队的战士已经找到了他们的宿敌凯塞多的位置,正准备暗杀他。杜克恳求卡斯塔尼奥饶他一命,他向卡斯塔尼奥讲述了那天晚上他们一起参加场景研讨会的故事,并说:"你不能杀他,我们都是'哥伦比亚命运'的成员"。经过一番争论,卡斯塔尼奥取消了暗杀计划。我认为这个故事论证了这种合作的变革性潜力:杜克愿意在生死问题上反抗卡斯塔尼奥,他一定认为自己与凯塞多的关系改变了,而且他对自己需要坚持的行事理念的认知也改变了。)

随着工作的进展,小组成员变得不那么害怕了,更愿意坦率地说出自己的想法。商人塞萨尔·德阿特(César De Hart)表示,他与游击队发生过冲突,他对他们一点也不信任,并认为最有希望让这个国家实现和平的做法是加大对游击队的军事打击力度。他需要勇气才能说出这句话,因为他不仅直接挑战了游击队,也直接挑战了小组的其他成员和他们希望和平解决问题的信念。他愿意保持开放和对抗的态度,而现在团队的关系已经足够牢固,听到这样的声明也不会破裂。此外,当德阿特说出自己的真实想法和感受时,弥漫整个房间的理性及情感上的混沌迷雾消失了,我们都能清楚地看到这种不信任以及它所暗示的冲突加剧的可能性。

在第三次研讨会结束时,该小组就四种方案达成了一致。第一个方案是"当太阳升起的时候,我们将会看到",这是一个警告,如果哥伦比亚人只是顺其自然,不能应对他们的艰难挑战,将会导致混乱(用泰国的框架来说,这个方案论证了适应)。第二个方案是"双鸟在林不如一鸟在手",讲述了政府和游击队之间通过谈判达成妥协(自上而下的合作)。第三个方案是"前进!",反映了德阿特的建议,即政府在军事上粉碎游击队,平定国家(强制)。第四个方案是"团结就是力量",这是一个国家的心态自下而上向更好地相互尊重与合作转变的故事(自下而上的合作)。该小组没有就冲突的最可能或最好的解决办法达成一致,因此他们在全国各地的报纸文章、电视广播和大大小小的会议上向其公民同胞提出这些方案,作为可能的替代选择。

在"哥伦比亚命运"之后,我的哥伦比亚同事组织了几次后续的多方利益相关者会谈,我在其中起到了推动作用。在一次会议上,一群人正在努力解决一个难题,一位政治家要求他们就某个原则问题达成一致。我认为达成一致在当时是不可能的,所以我鼓励这个团体在没有达成一致的情况下继续前进,他们依此行事。令我感到惊讶的是,尽管之前他们没有达成一致,但在会议结束时,他们已经同意就几项方案进行合作。

第二天,我把这件令人费解的事情告诉了波哥大前任市长安塔纳斯·莫茨库斯(Antanas Mockus)。"我们常常不需要就原则达成共识,甚至不需要讨论原则,"他说道,"最有力的协议是那些不同的参与者出于不同的原因而支持的协议。"现在我明白了,存在严重分歧的人仍然可以一起完成重要的事情。因此,在应对复杂挑战方面取得进展并不像大多数人认为的门槛那么高:我们不需要就解决方案达成一致,甚至不需要就问题是什么达成一致。

在随后的数十年里,我欣慰地看到,这些方案和产生这些方案的非凡过程仍然是哥伦比亚人在探讨他们开展项目的可能性以及正当性的试金石。这些年来,在不同的时期,这四种方案似乎都能解释这个国家正在发生的事情,所以它们继续帮助哥伦比亚人理解他们的处境。2010年,桑托斯当选总统。他说,桑托斯政府的计划体现了"团结就是力量"。

2016年，桑托斯终于成功地与哥伦比亚革命武装力量和哥伦比亚民族解放军达成和平协议，为此他获得了诺贝尔和平奖。在获得这个奖项的那天，他的官方网站发布了一条消息，称20年前他与我组织的第一场会议是"这个国家在寻求和平过程中最重要的事件之一"。

我知道，这些年来，为了解决冲突许多人付出了各种努力，因此桑托斯如此看重"哥伦比亚命运"，令我感到惊讶。我与桑托斯的朋友、精神病学家阿尔韦托·弗格森（Alberto Fergusson）见了面，问了他这个问题。弗格森的解释是，从那以后，"哥伦比亚命运"的经历一直激励着他从事政治工作，桑托斯从这段经历中学到的关键一课是，与公认的政治智慧相反，持有矛盾立场的人更有可能找到合作的方式。

"哥伦比亚命运"项目帮助哥伦比亚人共同合作，为结束长达五十二年的内战做出了贡献。这个项目从三个方面示范了伸展合作法。

第一，"哥伦比亚命运"的小组成员并不是简单地试图解决一个问题或强化上层利益，尽管他们称自己是为了哥伦比亚的利益而合作。他们处于冲突之中，对解决方案甚至对问题为何都没有达成一致。他们只同意，他们所面临的情况是有问题的，而且从不同的角度看，他们也有不同的理由认为这种情况是有问题的。

尽管团队喜欢一起工作,并对彼此有一定承诺,但他们并不是一个普通的团队。他们都与自己的组织和群体有着更强的联系和承诺(杜克努力拯救凯塞多是这一规则的例外)。正是这种不团结使他们的合作如此富有争议,也如此富有价值。然后,他们在没有唯一焦点或目标的情况下建立了合作。

第二,这个团队没有就这个国家应该做什么达成一致。他们只对国家可能发生的四种情况拥有共识,而且他们对第一种情形并不认可,即维持现状。在接下来的几年里,他们(以及其他赞成这些方案的人)都是边做边尝试。因此,他们是在没有唯一愿景或路线图的情况下进行合作。

第三,尽管小组成员对应该发生什么持有强烈的观点,但他们无法强迫其他人按照自己想的去做。在这里,微观世界再次反映了宏观世界:战争之所以持续这么久,是因为没有一方能够把自己的意志强加给其他方。因此,小组在无法改变他人行为的情况下进行合作。

伸展合作放弃了控制的幻想

"哥伦比亚命运"强调了我们对合作的传统理解受到了限

制。伸展合作要求我们在三个维度上进行转变。在这三个维度中，伸展合作包含并超越了传统合作。

总的来说，传统合作假设我们可以控制焦点、目标、实现目标的计划，以及为了实现计划每个人必须为此付出。相比之下，伸展合作提供了一种不加控制的前进方式。

第一个维度是我们如何与我们的合作伙伴——我们的团队建立联系。在传统合作中，我们会保持一个在一定限度内可供控制的焦点，以实现团队内部的和谐，以及整个团队的利益和目标。但是在复杂和不受控制的情况下，我们无法保持这样的焦点，因为团队成员有截然不同的观点、从属关系和利益，并且可以自由地采取行动。因此，我们必须伸展，用开放的态度接纳团队内外存在的冲突和联系，并与之共存。

第二个维度是我们如何推进团队的工作。在传统合作中，我们专注于对我们试图解决的问题达成明确的协议，即解决这个问题的最佳方案，以及实施这个解决方案的相应计划，然后按照约定执行这个计划。但是，在复杂的、不受控制的情况下，我们无法达成这种明确的协议或可预测的执行计划，因为团队成员彼此不买账或不信任，而且团队行动的结果是不可预测的。因此，我们必须进行伸展，在试验中探索不同的观点及可能性，一步一个脚印地去发现什么是行得通的，什么能推动我们前进。

处理问题情况的五种方法

我们能改变这种情况吗?

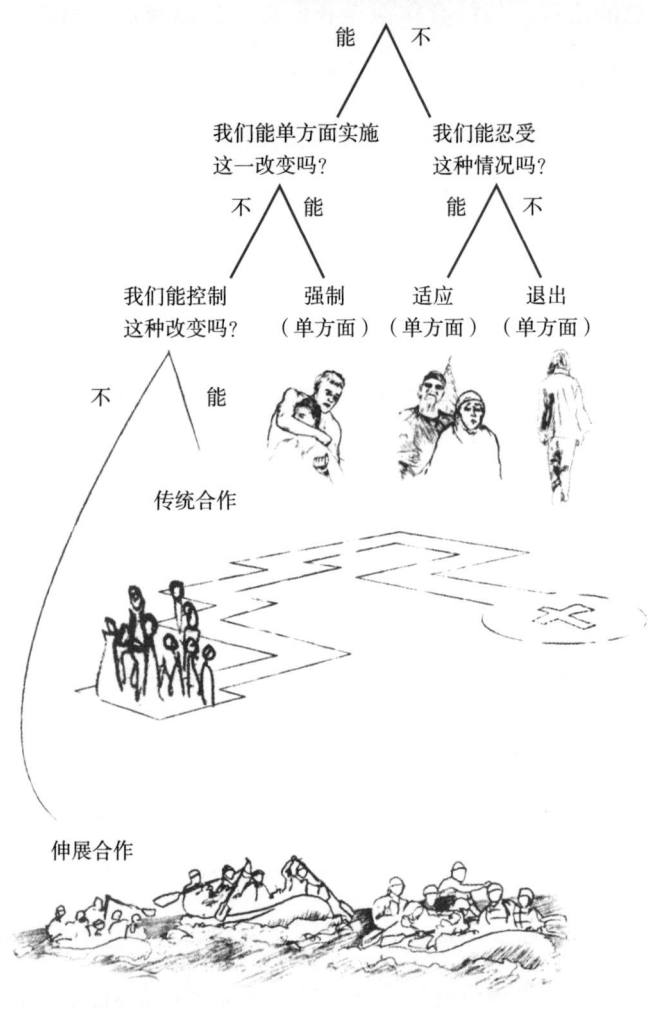

能　　　　不

我们能单方面实施这一改变吗?　　我们能忍受这种情况吗?

不　　能　　　　能　　不

我们能控制这种改变吗?　　强制（单方面）　　适应（单方面）　　退出（单方面）

不　　能

传统合作

伸展合作

第三个维度是在我们试图解决的情况中，我们如何参与（扮演什么角色）。在传统合作中，我们专注于如何让人们改变他们正在做的事情，这样我们才能成功地执行我们的计划。其中暗含的意思是，我们要让其他人改变他们正在做的事情，我们认为自己并不处于这种情况中或超越了这种情况。但在复杂、不受控制的情况下，这是不可能做到的：我们无法让任何人做任何事情。因此，我们必须努力伸展，全身心地投入当前的形势中去，并愿意去改变我们自己正在做的事情。

为了能够在复杂的情况下成功地合作，我们必须在这三个维度进行转变。这些转变既陌生又令人感觉不舒服。接下来的三章阐述了该如何做这些伸展。

5 拥抱冲突和联系

尽管在更高的视角看来，它可能是一，但在我们的生活中，它是二。

——莱昂纳德·科恩（Leonard Cohen）

在传统合作中，我们专注于和团队成员和谐合作，以实现整个团队的最佳利益。我们交谈，而不是斗争。当我们面对简单的、可控的情况时，也就是当我们所有的观点和利益趋向一致时，这种方法是行得通的。但是，当我们处于复杂的、不受控制的情况下，当我们的观点和利益发生冲突时，我们需要另寻方案处理我们的冲突，维系我们的联系。我们不仅需要交谈，也需要斗争。

光有对话还不够

我在合作中最深刻的经验带来了最令人困惑的问题。1998年至 2000 年期间,我在危地马拉推进了一个项目,帮助实施该国的和平协议,这份和平协议结束了该国种族灭绝的三十六年内战。这个项目把许多陷入这场残酷冲突的派系领导人聚集在了一起,其中有内阁大臣、前军官、前游击队官员、商人、原住民、记者、青年。这个项目所形成的理解、关系和承诺促使许多人采取了重要的行动,修复危地马拉支离破碎的社会结构。联合国代表拉斯·富兰克林(Lars Franklin)说,这个项目播下和培育了许多种子,包括四名总统候选人和竞选活动;历史说明委员会(Commission for Historical Clarification)、财政协议委员会(Fiscal Agreement Commission)及和平协定监控委员会(Peace Accords Monitoring Commission)的相应贡献;在市政发展战略、国家反贫困战略和一门新大学课程方面所做的工作;以及六场衍生的全国性对话。

这个团队工作中有一个关键事件,发生在他们第一次研讨会的最后一个上午。他们围坐成一圈,讲述个人在战争中的经历。一个名叫罗纳德·奥查塔(Ronald Ochaeta)的人是天主教会的人权工作者,他讲述了自己有一次去一个土著村庄,亲眼目睹村民挖掘战争屠杀留下的一个万人坑。泥土被挖走后，他注意到有一些细小的骨头，就问法医是否有人在大屠杀中骨折。法医回答，不，坟墓里有孕妇的尸体，细小的骨头是她们的胎儿的。

当奥查塔讲完他的故事时，整个团队鸦雀无声。我从来没有经历过这样的寂静，我被吓呆了。沉默似乎持续了五分钟。然后就结束了，我们继续进行我们的工作。

这件事对团队和我都产生了深远的影响。五年后，当团队成员被问及项目的历史时，他们中的许多人回忆起，在那几分钟的沉默中，他们陷入了思考，互相之间建立了联系，后来他们一起完成了重要的工作。其中一个人说："听了奥查塔的故事，我明白了，并且在心里感受到了所发生的一切。我有一种感觉，我们必须努力防止这种情况再次发生。"另一个人说："在讲述这个故事时，奥查塔是真诚的、冷静的、平静的，他的声音里没有一丝仇恨。然后大家至少沉默了一分钟。这个故事很可怕！这对我们所有人来说都是非常难忘的经历。如果你问我们中的任何一个人，我们会说这一刻就像一次大规模的圣餐仪式。"在危地马拉这样的天主教国家，提到圣餐仪式意味着团队成为一个整体。

在我的第一本书《解决棘手的问题》（*Solving Tough Problems*）

中，危地马拉愿景（Visión Guatemala）的五分钟默哀的故事成为其中最精彩的一章。它反映了我对与他人建立联系的理解（起源于蒙特佛利），以及揭示和修复社会整体是合作的关键。在该项目和其他项目中，我有过建立这种联系的经历，这些经历也满足了我与他人，与比自我更宏大的事物和谐相处的渴望。

2008年，我回到危地马拉参加该项目的十周年纪念活动。我很高兴再次见到我的同事们，但也对那里正在发生的事情感到担忧：经济危机日益加深；来自有组织犯罪和军队的威胁日益严重；人们对我们的危地马拉愿景项目的伙伴、现任总统阿尔瓦罗·科洛姆（álvaro Colom）领导的新政府感到失望。我很想知道团队对我们共同完成的工作有着何种看法，我曾经满怀热情地写过关于这些工作的文章。

后来，我和我的一个朋友共进午餐，她是一位左派研究员和活动家，名叫克拉拉·阿雷纳斯（Clara Arenas）。她知道我觉得我们团队的对话很重要，因此，她直截了当地告诉我，最近她和她的同事对发生在危地马拉的许多对话的糟糕结果感到非常沮丧，他们在报纸上登了一整页的启事，说他们将不再参与这些议程。他们如此做是因为政府期望参与对话的组织将同时停止组织罢工、游行和其他形式的民众抵抗。阿雷纳斯和她的同事们不愿解散抵抗组织——他们实现目标的主要手段之一。

如果他们不能把人们动员起来，维护自己的观点和立场，那么他们就不愿意与政府对话。我钦佩阿雷纳斯，知道她在告诉我一些重要的事情。但我无法用我理解合作的方式来理解它，所以在我眼中，这是个未解决的紧张关系，我一直记得这件事。

五年后，我拥有了三次处理同样关系的经验，让我知道该如何解决这种紧张关系。

2013年10月，铃木大卫（David Suzuki）的基金会在温哥华举办了一次董事会会议，在这场会议上，我与他进行了一次针尖对麦芒的互动。铃木是一位加拿大遗传学家，四十多年来，他一直在广播和电视上主持有关科学的热门节目。他是一位直言不讳的环保主义者，也是加拿大最受尊敬的公众人物之一。当时，他正身处环境保护主义者、化石燃料公司和联邦政府之间一场旷日持久的争斗中，争论的焦点是加拿大应该如何应对气候变化，尤其是其油砂项目所排放的大量二氧化碳。

在会议开始之前，我读过铃木的一篇演讲，他表示，只有由油砂公司组成的财团的首席执行官与自己"就某些基本问题达成一致"的情况下，他才愿意与这位首席执行官接触，基本问题指的是，例如"我们都是灵长目动物，作为生物，我们最基本的需求，首先是洁净的空气、干净的水、干净的土壤、清洁的能源和生物多样性"。铃木坚持认为，只有对方事先认同了他所信奉的原则，他才会进行对话，我认为这是不合理的，也是徒劳的。他的立场是，考虑到双方在这些基本问题上没有达成一致，所以他最好不要参与，因此他将把精力集中在动员公众和政治舆论支持他所信奉的原则上。

这段简短的话让我有所触动。我曾多次在其他地方从其他人那里听到过类似的论点，即他们所坚持的原则是正确的，需要作为合作的起点被接受。我总是充满信心地驳斥这些论点，因为这些关于原则的分歧通常是合作无法建立的原因，而只有通过（不是事先通过）参与和合作，双方才能就这些原则达成一致。但铃木的挑衅让我印象深刻，因为他所坚持的原则似乎是正确的，而且我对他的评价很高，无法轻易驳斥他的论点。

现在我可以看到，在应对复杂挑战的过程中，参与和坚持是互补的，而不是对立的，两者都是合理和必要的。各种不同的主张——辩论、竞选、竞争、对抗、游行、抵制、诉讼、暴力对抗——是每一个系统变革故事的一部分。主张和负面主张不可避免地会造成不和与冲突。但我认为，或许有些人和组织可以坚持，而另一些人可以参与；我曾听到活动分子提到"房间外［的人］"和"房间内［的人］"在促成变革的努力中所扮演的角色。我希望这种互补意味着其他人可以专注于坚持自己的观点，而我可以继续把注意力放在参与上。

2013年12月初,我回到了南非的家,几天后纳尔逊·曼德拉去世。在那之后好几周的时间,当地和国际报纸上满是对他生平和遗产的反思。我也反思了我对他传记的理解,我自己的人生经历也与之交织在一起。2013年,南非人民之间的社会和政治关系变得火药味更浓,宽容渐少,许多人开始重新评价曼德拉成功领导的1994年的"奇迹"转变。

现在,在与铃木交流之后,我意识到,我过于关注曼德拉通过与对手接触和对话(参与)实现他的目标的努力,而忽视了他自身通过坚持和斗争来实现这些目标的努力。曼德拉入狱之前,他曾领导反对种族隔离政府的非法游行和其他运动,将运动转入地下,秘密出国,并担任非洲国民大会(African National Congress)武装游击队的第一任指挥官(直到2007年,非洲国民大会的领导人仍然被拒绝发放进入美国的签证,理由是他们曾是一个恐怖组织的成员)。获释之后,在1994年大选前的谈判中,以及在他的总统任期内,曼德拉经常通过对他的对手施加压力推进他的立场。

我现在可以更全面地看到,曼德拉的领导能力表明,他知道如何、何时应该参与,更明白如何、何时应该坚持。南非的非凡转变是通过曼德拉和其他人的参与和坚持而实现的。在思考我自己的工作时,我意识到我一直只关注自己所处的那部分境况：虽然我常常会在研讨会上与人们会面（这些研讨会的目的是让他们能够相互对话），但他们中的大多数人在研讨会之外的时间里都在互相争斗。事实上，正是这种斗争使研讨会上的对话如此引人注目和有益。因此，现在我在想，我是否真能像我希望的那样，将"参与"和"坚持"这两个角色分开。

2014年5月，在泰国，经过数月的"我们强制"暴力对抗后，军方发动了政变。我的一些泰国同事对这些反民主行为感到愤怒。另一些人感到宽慰，因为暴力冲突已经停止，他们希望一个严格的军政府能够建立一套新的规则，使"我们合作"的局面能够有秩序地、和平地建立起来。

我不确定我同意哪一个立场。我明白军政府的局限性和危险，我也能理解军政府将有序与和平的合作强加于人的冲动：他们压制坚持，使参与成为可能。

这个极端的事件为我提供了最后一块拼图。我对现在所看到的感到惊讶：一场政变是我自蒙特佛利以来一直关注的合作方式的合乎逻辑的结果。如果我们接受和谐的参与，拒绝不和谐的坚持，那么我们最终将使我们正在运作的社会系统崩溃。这是阿雷纳斯六年前在危地马拉想要告诉我的。

在伸展合作中，我们不能只参与而不坚持。我们需要找到一种方法兼顾这两点。

不止一个整体

同时进行"参与"和"坚持"的一个后果是,把"整体的利益"放在首位,不论这个整体是我们的团队、我们的组织还是我们的社区,这个要求既不明智,也不合理。

所有的社会系统都由多个整体组成,这些整体是更大整体的一部分。作家阿瑟·凯斯特勒(Arthur Koestler)创造了holon(子整体)这个词,指既是整体又是部分的东西。例如,一个人自己是一个整体;他或她是团队的一部分;一个团队是一个组织的一部分,但团队也是一个整体;一个组织是一个部门的一部分等。每一个整体都有其需求、利益和抱负。每个整体可以是多个更大整体的一部分。

因此,不存在所谓的"整体",声称要专注于实现"整体的利益",即便不是操纵,也是误导,它真正指的是"对我来说最重要的整体的利益"。例如,如果我们说优先考虑的是"团队的利益",那么就意味着我们忽略了团队中个体成员(较小的整体)和组织(较大的整体)的利益。因此,在伸展合作中,我们不是仅仅关注单个整体的利益,而是关注多个嵌套和重叠的整体的利益,以及由此不可避免地揭示出的丰富性和矛盾性。

在促进团队合作的过程中,我犯了这样一个错误,即把团

社会系统的子整体结构

队的目标作为一个整体来关注，从而隐含地要求参与者把个人和组织的目标放在一边。这样做时，我也忽略了一个事实，只有对于我和团队领导者来说，这些或大或小的整体利益是一样的：可能只有对我们来说，捍卫整个团队的利益也就是捍卫我们自己的利益。

2013年，在离开蒙特利尔近三十年后，我和妻子多萝西搬回了那里。我在那里开设了里奥斯合伙人公司（Reos Partners）的加拿大办事处。这让我有机会以全新的眼光看待我的家乡。我觉得我的经历既令人感到愉快又让人困惑：在其他地方生活了多年之后，我注意到与我一起工作的许多加拿大人以一种低调的方式处理我们面临的挑战，我觉得这种应对方式很特别，但我并不完全理解这种方式。

第二年，为庆祝加拿大建国一百五十周年，我和同事们采访了五十位加拿大领导人。我们问他们每个人，他或她认为加拿大人需要做些什么才能成功地创造一个美好的未来。

在我们进行采访期间，加拿大和国际上就少数族裔在西方社会的地位进行了激烈和令人不安的辩论。我采访过的人中，有魁北克前地区总理让·查尔斯特（Jean Charest），他对两年后美国总统大选的政治动机做出了惊人的评论：

煽动家通过培养不安全感和妖魔化某些群体让自己的势力兴旺发展。他们强调我们之间的差异，而不是共同之处。人性就是这样，我们更容易记住的是消极的，而不是积极的事物。投票反对某件事（或某个人）比投票支持它来得容易。对于政客们来说，让一个群体对抗另一个群体总是具有吸引力的，因为进展会又快又顺利。

然后，我采访了加拿大阿迦汗基金会（Aga Khan Foundation Canada）的首席执行官哈利勒·谢里夫（Khalil Shariff）。谢里夫对加拿大文化有一个我以前从未听说过的深刻观点：

在整个世界，同质化的概念正在迅速消失，原因有两点。首先，我们比以往任何时候都更加留意到我们的个体差异，也就是我们的"自我"。其次，我们经历了历史上前所未有的人口流动。这两个因素意味着，管理差异和能够生活在某种共同框架下的想法可能是当今任何社会的基础。

曾有人告诉我，对于个人来说，谦卑是美德之王。一个社会的美德之王是什么——衍化出所有其他美德和能力的那种美德是什么？我在想，多元主义的能力是否可能是其他一切的根源。

如果你能建立起应对多元主义的社会能力，那么你就能处理许多其他问题。大多数加拿大人看不见加拿大社会的框架［对多元主义的承诺］。我们并不总是能很清楚地理解它，我们可能对它视而不见，但它深植于我们的内心。

谢里夫还向我提出了一个个人挑战："也许你在世界各地从事的这项令你感到自豪的合作工作，不仅仅体现了你的个人天赋。也许你一直在表达你在成长过程中所处的文化的某些内核。"加拿大文化并不是唯一重视多元主义的文化，加拿大人也经常表达相反的价值观，例如，他们对土著文化进行了残酷的压制。但是，谢里夫指出了多元文化的重要价值，它使人们能够在矛盾和混乱的整体中生活和工作。

每个子整体都拥有两种驱动力

能够与多个整体合作的关键是能够同时运用力量与爱。我在2010年出版的《力量与爱》（*Power and Love*）一书中提出了这一框架，后来发现它对于理解合作的动态平衡而言非常重要。

在这本书中，我按照神学家田立克（保罗·蒂利希，Paul Tillich）的经典著作，将力量定义为"一切活着的事物实现自身的驱动力"。力量的驱动力表现在"坚持"的行为上。在群体中,力量的驱动力产生差异化(各种形式和功能的发展)和个性化(各个部分相互独立运作)。

根据田立克的表述,我把爱定义为"分离走向统一的驱动力"。爱的驱动力表现在"参与"的行为中。在群体中,爱的驱动力产生同质化(信息和能力的共享)和整合(部分连接成一个整体)。

我的论点是,每个人和每个团体都拥有这两种驱动力,只运用其中一种是错误的。我们不能从爱与力量中选择其一,它们是互补的两极,我们必须两者都选。在这里,我要阐述一下田立克的学生马丁·路德·金(Martin Luther King Jr.)的观点,他曾说过:"没有爱的力量是鲁莽和滥用的,没有力量的爱是多愁善感和虚弱的。"我举了许多例子,在大大小小的社会系统中,当其中一种驱动力与另一种驱动力分离时,就会双双退化,只有当它们一起被运用时,才会产生具有生产性的合力。

每一个活着的整体或子整体都有爱与力量的驱动力。爱,是向统一发展的驱动力,反映了子整体的部分性,即它是更大整体的一部分。力量是自我实现的驱动力,反映了它的整体性,即它本身是一个整体。因此,能够运用爱与力量是能够与多个整体合作的先决条件。

我曾经向一个荷兰的临时经理人协会提及这本书。这些人是从事各种管理工作的专业人士，他们负责在有特殊项目、有人休假或新经理上任出现延误时，填补组织中的临时空缺。听了我的观点后，他们表示，需要同时运用力量与爱是显而易见的，作为管理者，他们的整个工作就是协调团队成员自我实现的驱动力与凝聚团队保障集体自我实现的需求。

随着我更多地与政界人士和活动家打交道，我对在与社会系统合作时，力量与爱所占据的中心地位有了更好的理解。安东尼奥·阿拉尼巴尔（Antonio Aranibar）在联合国管理一个政治场景小组，当他赞助出版这本书的西班牙版本时，我感到很惊讶。我问他为什么认为这本书是有用的，他说，在他看来，政治的本质就是使小整体和大整体的利益趋向一致。

然后，贝蒂·休·弗劳尔斯（Betty Sue Flowers）建议我研究一下美国总统林登·约翰逊（Lyndon Johnson）是如何做到这一点的。我找到了一本约翰逊的传记，里面有一段引人入胜的叙述，讲述了他如何通过认真关注个别立法者的利益，将他们各自的政治诉求纳入了集体，从而成功地制定了具有里程碑意义的《民权法案》。传记作者写到约翰逊和历史学家阿瑟·施莱辛格（Arthur Schlesinger）的一次会面：

约翰逊转向四十八位民主党参议员,"我想让你们知道我得处理什么样的事情。"他说道。施莱辛格回忆道:"他并没有完成所有的任务,但他完成了大部分任务。"——这位历史学家永远也不会忘记他的这场表演。约翰逊把参议员的信息逐个列了出来:每个人的优点和缺点,谁喜欢喝酒,谁喜欢女人,他如何区分何时该去参议员自己家里,何时该去他情妇家里,他的国家中谁处于大型电力公司的控制之下,谁听公共电气合作联盟的意见,谁响应工会的请求,又是谁会响应农业游说团体的请求,哪位参议员回应了一个论点,哪位参议员又回应了相反的论点。他做了简短而精彩的模仿。"当他提到查维斯时,查维斯的麻烦是酗酒,约翰逊模仿查维斯喝醉酒的窘态——非常有趣。"

力量与爱的交替

在出版《力量与爱》之后,我了解到心理学家巴里·约翰逊(Barry Johnson)开发了一种方法来体现力量与爱等两极事物之间的关系。约翰逊建议,我们必须把可以解决的问题和不能解决、只能管理的两极区分开来。他解释说,两极之间的关系类似于吸气和呼气之间的关系。我们无法在吸气和呼气之间选择其一：如果我们只吸气，我们会死于二氧化碳过量；如果我们只呼气，我们会死于氧气过少。所以，我们必须既吸气又呼气，不是同时进行，而是交替进行。首先，我们吸气，让氧气进入血液；当我们的细胞将氧气转化为二氧化碳，二氧化碳在血液中积聚，我们就会呼出二氧化碳；当血液中的氧气含量过低时，我们就会吸气；如此循环往复。如果我们是健康的，这个无意识的生理反馈系统就会维持吸气和呼气的必要交替，使我们能够生存和成长。

巴里·约翰逊的阐述让我理解了自己在"参与"和"坚持"方面的困惑经历。它解释了我们需要如何行事来运用爱与力量，以及与多个整体合作。我现在明白了，我对合作的早期理解（合作意味着拥抱和谐，拒绝分歧）限制了它的适用性和有效性。当我尝试践行这种只能接受和谐的合作时，我通常会失败，于是最后会默认接受适应、强制或退出。

当我们进行合作时，我们会交替地运用爱与力量。首先，我们与他人接触（参与）。随着我们持续加强参与，最终会让他们产生一种融合和让步的不舒服的感觉：为了保持参与，他们不得不服从或妥协于对他们来说重要的事情。这种反应或不适感是一个信号，表明他们需要转而坚持或推动对他们来说重要的事情（就像阿雷纳斯和铃木那样）。但是，随着他们的坚持不断加强，最终我们心中会产生一种阻止、倒退或抵抗的冲动。这种反应或感觉是我们需要重新投入的信号。(在这个简单的例子中，我只让每一方扮演一个角色，但实际上双方都可以扮演这两个角色。)

我们只要考虑一下，如果这两种不适的反应或边界被忽视和逾越，会发生什么，就能理解交替进行参与和坚持的必要性。如果我们一直坚持并压制对方的对抗，那么结果将是我们把对我们而言重要的东西强加到他们身上，从而击败或征服他们。在极端的情况下，只运用坚持会导致战争和死亡（一些泰国人在2013—2014年的暴力冲突中害怕发生内战）。大家广泛认识到了这种风险，所以留意抵抗的感觉很重要，这种感觉是一种信号，表明坚持过头了，需要参与。在需要时进行参与可以防止坚持的退化。

另一方面，如果我们继续与他人接触，超过了一定程度，让他们觉得自己受到了损害，那么他们会认为我们在操纵或削弱他们的能力。在极端的情况下，仅仅运用"参与"会令人感到窒息，形成强加的和平或和解带来的那种毫无生气的状态（一些泰国人担心，2014年的政变可能会导致这种死气沉沉的局面）。这种风险往往不为人所知，因为这种风险的存在，所以注意到让步的感觉很重要，因为这种感觉表明，参与过头了，需

管理爱与力量的两极

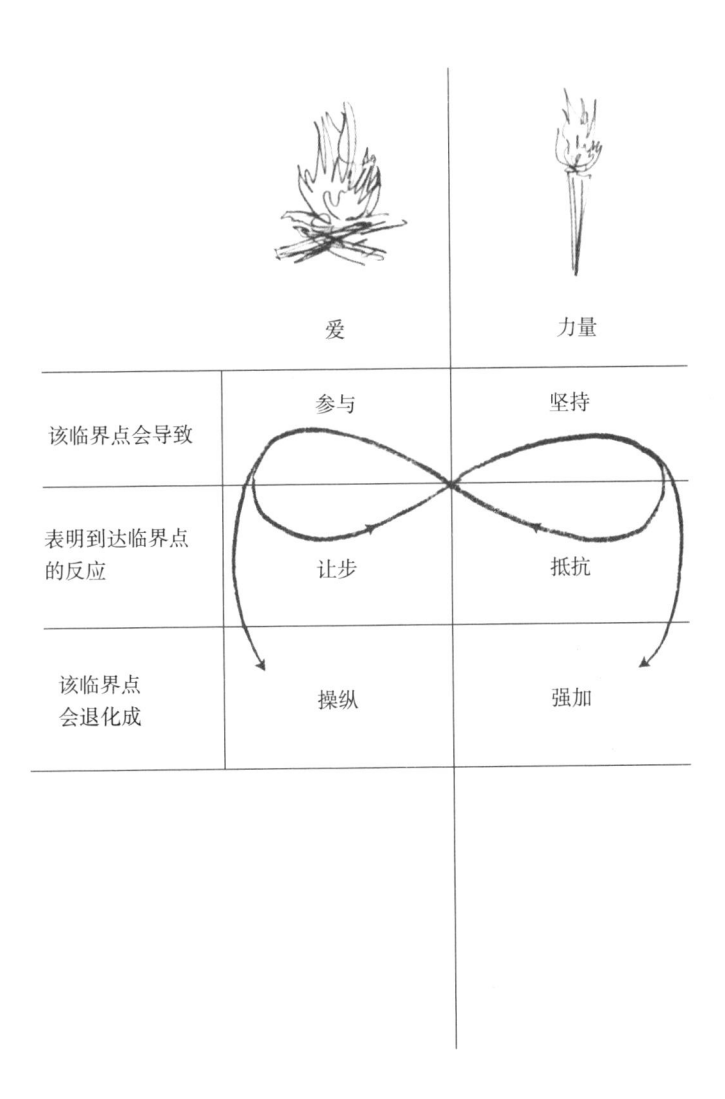

	爱	力量
该临界点会导致	参与	坚持
表明到达临界点的反应	让步	抵抗
该临界点会退化成	操纵	强加

要坚持。在需要的时候坚持，可以防止参与退化。

　　这种不为人所知的不受约束的参与的风险，正是我在蒙特佛利之后拥抱参与和对话、拒绝坚持和斗争的过程中所缺失的。巴里·约翰逊指出，如果我们首先关注不受约束的坚持的风险（就像我一样），那么我们就会错误地把参与当成一种理想状态，而不是一个极点，从而落入相反的陷阱。我所犯的错误是拒绝坚持，认为它是不文明和危险的，于是把它束之高阁。如此做并没有使坚持消失；我只是让它转入地下，然后不那么有意识地和明确地运用它。

　　心理学家詹姆斯·希尔曼（James Hillman）指出，许多像我一样在"辅助性行业"工作的人都会犯拒绝坚持和力量的错误。他写道：

　　　　为什么有关力量的冲突如此无情，而且在神职人员、医学、艺术、教学和护理等理想主义职业中比在商业和政治领域（这种冲突司空见惯）更加无情？在商业和政治领域，似乎理想主义的想法更少。力量不受压制，而是作为一种日常事物存在着；而且，它也不是爱的敌人。只要力量的概念被一种浪漫的爱的对立物所腐蚀，力量就会腐败。腐败不是源于力量，而是源于对力量的无知。

当我们阻碍坚持时，我们就会歪曲它，使它退化并变得危险。

正如希尔曼所指出的，在商业和政治领域，坚持的价值（竞争和主张）是被普遍接受的，坚持与参与共存（例如，合作意图维护一个公平竞争的环境）也是如此。但在合作领域，传统上有一种误解，即你需要参与而不是坚持，这意味着，我们需要在深思熟虑后做出努力，运用具有持续性的坚持。

传统的合作侧重于参与，并没有为坚持留出空间，因此坚持变得僵化而脆弱，它进入了麻木状态并停滞不前。相比之下，伸展合作在参与和坚持之间不断循环，使一个社会系统（家庭、组织、国家）能够发展到更高的层次。

在做关于《力量与爱》的演讲时，我发现大多数人要么觉得运用爱和参与让他们感觉更舒服，要么觉得运用力量和坚持让他们感觉更舒服。他们的偏好既是个人的，也是文化的。当他们处于低压力环境（比如与同事和朋友在一起）时，他们可能能够灵活地运用这两种驱动力，但当他们处于高压力环境（比如与对手和敌人在一起）时，他们就会默认选择并陷入自己的舒适区。他们常常会意识到，过度利用他们更强的驱动力并进行抑制是有危险的。有人曾对我说："在工作中，我觉得运用力量让我感觉更舒服，我认为爱应该是在家里做的事，但结果，常常有人指责我恃强凌弱，所以我试着控制我的力量。"也有人说："运用爱让我感觉更舒服，我认为力量是危险的，但结果是，我常常受伤，所以我试着限制我的爱。"而且，人们往往会选择专注于运用他们更强的那种驱动力，然后他们让其他人（配偶、商业伙伴、组织的另一部分）运用另外一种驱动力。

伸展合作需要我们所有人同时拥抱爱与力量。如果我们加以限制，削弱我们较强的一极或排斥我们较弱的一极，我们将无法在艰难的环境中成功合作。因此，我们需要反其道而行之：练习运用我们较弱的一极，从而增强它的力量。我们需要进行伸展。

在"参与"和"坚持"之间转换的关键是要知道何时应该运用什么，从而使这个循环继续下去而不是退化。加拿大铝业公司（Alcan, Canadian aluminum company）的前任首席执行官戴维·卡尔弗（David Culver）是一位知名的杰出经理人。在他退休后，社会创新研究员弗朗西丝·韦斯特利（Frances Westley）向他询问秘诀。他回答说："当我想要富有同情心时，我就会努力变得坚强，当我想要坚强时，我就会努力变得富有同情心。"因此，在参与和坚持之间转换，需要关注那些标志着失衡的反馈信息（越过边界，进入退化状态），然后进行相应的

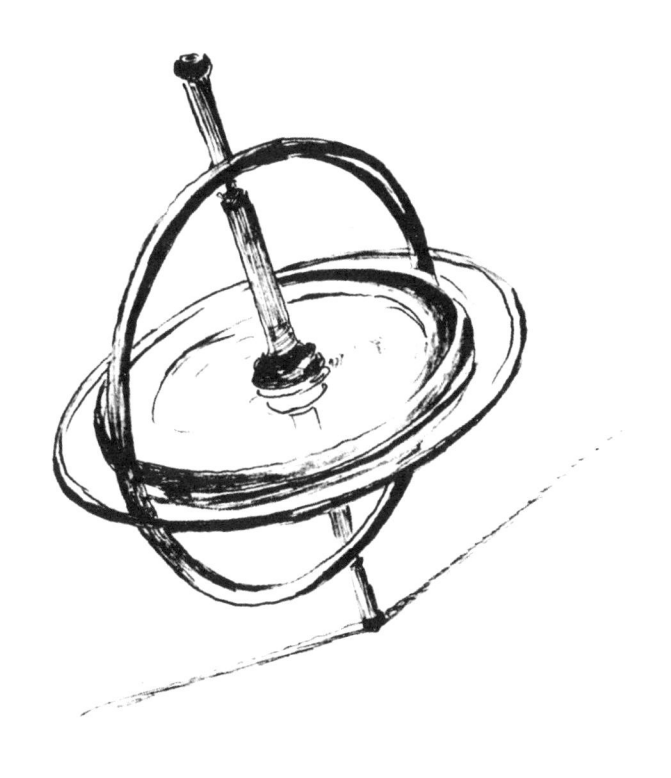

在运动中保持平衡
在平衡中保持运动

再平衡。当我们的参与产生了让步,因此有操纵的风险时,是时候开始坚持了;当我们的坚持产生了抵抗,因此有强制的风险时,就该开始参与了。关键不是保持静态的平衡,而是留意和纠正动态的不平衡。

既运用参与又运用坚持的技巧是,要有足够的警觉和勇气,能够在需要时采取相应的行动。在一个以"参与"为主导的环境或体系中,如果我们开始坚持,那么我们可能会被视为不礼貌或好斗的。在一个以"坚持"为主导的情况或体系中,如果我们开始参与,那么我们可能会被视为软弱或不忠诚的。因此,逆潮流而动需要耐心,需要能够等待主导行动带来挫折、怀疑或恐惧的那一刻,然后采取相反的行动。

拥抱冲突和联系所需要的基本实践是注意我们如何运用爱与力量。当我们注意到自己过度运用爱时(坚持认为我们所关心的集体的团结和利益才是重中之重),我们就需要运用力量,并接受由此产生的冲突,也许这种冲突会令人不安。当我们注意到自己过度运用力量时(坚持认为我们所关心的组成部分的表达和利益才是重中之重),我们就需要运用爱,并接受由此带来的集体主义,集体主义可能会产生约束。我们必须交替运用这两种驱动力。

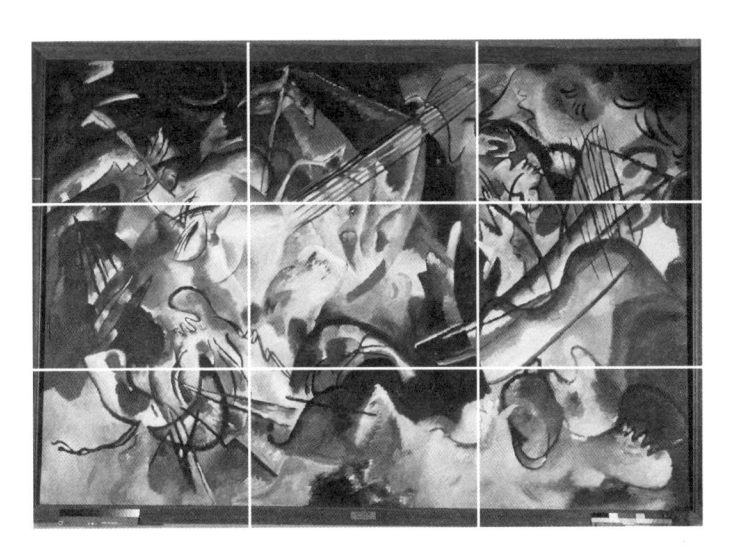

6 在试验中摸索出前进的道路

> 行路者，这里没有路。路是走出来的。
>
> ——安东尼奥·马查多（Antonio Machado）

在传统合作中，我们通过对问题、解决方案和实现解决方案的计划达成一致，然后执行该计划，从而继续前进。这种方法在简单可控的情况下行得通，即当我们能够在合作者之间达成一致，并通过执行我们的计划得到想要的结果时。但当我们处于复杂的、不受控制的情况时，我们需要试验不同的表达方式和行动：我们需要向前迈出一步，观察发生了什么，然后再迈出另一步。

我们不能掌控未来，但我们可以影响它

我把我的工作看作帮助人们建立合作，应对他们最重要的挑战，所以我通常不会主动选择要应对什么挑战。但几年前，在哥伦比亚、危地马拉和其他地方经历了一些事情后，我开始关注与海洛因、可卡因和甲基苯丙胺等非法毒品相关的普遍问题，然后在 2012 年，我意外地发现了一个就我关心的问题采取行动的机会。

后来，当我开始研究这个问题时，我发现，四十年来世界各国政府一直试图实施一项单一的战略，这令我感到震惊，这项战略是通过宣布某些特定物质的生产、销售和消费不合法发动一场"反毒品战争"。禁毒官员施行了一系列严格的全球、国家和地方法律，每年的投入超过一千亿美元。在官方政策探讨时，他们排除了任何替代这一战略的讨论。然而，尽管集中投入了如此多的资源，毒品成瘾、犯罪、腐败、监禁和暴力发生率仍然居高不下。

20 世纪 90 年代，一些政治领导人开始质疑这种既定战略。其中最直言不讳的是哥伦比亚总统胡安·曼努埃尔·桑托斯。2011 年 11 月，他说："在这个问题上，我们有时觉得这个世界在踩一辆被固定起来的自行车。我们一直在与毒品做斗争，但毒品仍在泛滥。"他在不同的情况下多次重申这一点，宣称他正在寻找一种方法，让毒品政策摆脱困境，向前迈进。

我的同事华金·莫雷诺（Joaquin Moreno）、古斯塔沃·穆蒂斯（Gustavo Mutis）和我从1996年起就在哥伦比亚命运和其他项目上与桑托斯合作。2012年2月，我们四人在波哥大短暂会面，共同推出西班牙版本的《力量与爱》，我们构想了一个与哥伦比亚命运类似的项目，召集国际领导人探索毒品政策的新选择。2012年4月，桑托斯在美洲各国总统和总理参加的一次峰会上提出了这一计划。他们达成一致，并把这项工作交给了总部位于华盛顿特区的美洲国家组织（OAS, Organization of American States）。我很高兴地看到，当我积极地抓住机会去推动改变发生时，一切皆有可能。

从2012年5月到2013年5月，我与莫雷诺、穆蒂斯以及美洲国家组织一起，展开了一项雄心勃勃的工作，即寻求禁毒战争的替代方案。美洲国家组织的秘书长若泽·米格尔·因苏尔萨（José Miguel Insulza）对接到这项重要的任务感到高兴，但惊讶地发现我和我的同事也要参与。美洲国家组织通常的做法是通过成员国政府间正式的、理性的外交谈判达成协议，许多观察家怀疑运用这样的方式，能否在这样一个困难而棘手的问题上有所作为。相比之下，我和我的同事希望通过不同政府和非政府利益相关者之间的非正式创造性合作带来其他的选择。

由于美洲国家组织与我们的立场、方法之间存在这些差异，我们与因苏尔萨及其团队的第一次会面充满了怀疑和冲突。他们和我们都想控制这个项目,但是因为这个项目的建立方式,我们双方都无法控制。所以为了实施这个合作项目,我们必须合作。

我们需要确定如何组织项目、哪些利益相关者应该参与,以及如何与官方政府流程建立连接。如果这个高风险和高知名度的项目成功,我们会收获一些共同的利益,但在所有问题上,我们也有不同的观点和利益。从那之后的一整年里,我们每天都在进行参与和坚持,进行友好的交谈和愤怒的争论,进行合作、竞争与欺骗。我发现,对于我来说,与那些和我意见相左的人一起参与一个项目非常重要,这整个经历既令人兴奋,又让人恼火。

我们同意组建一个由四十六位领导人组成的工作小组,他们来自美洲所有国家与毒品政策相关的各个部门:政治、安全、商业、卫生、教育、土著文化、国际组织、司法系统和公民社会。该小组于2013年1月和2月在巴拿马城举行了两次为期三天的研讨会。主要任务是就围绕毒品问题可能会(不是将会或应该会)发生的连锁反应的一系列设想达成一致。这个框架是至关重要的,因为小组成员在问题和解决方案上有着根本不同和根深蒂固的立场,这个框架使小组成员的对话从如往常一样死板地探讨谁的立场是正确的,转变为不同寻常地、灵活地探讨什么是可能实现的。

我和我的同事专注于组织这个项目，使小组能够再度自由地联系、思考和行动。研讨会期间举行了美洲国家组织会议中并不常见的各种活动，比如前往诊所、警察局、运河以及其他当地的场所，直接观察这一复杂情况的不同方面；分享我们处理毒品问题的个人经历；以及进行一场又一场关于正在或可能即将发生的场景的创造性的、结构化的小组对话。

通过召开这些会议，小组创建了一套方案，没有什么主题是被指定或被禁止的。在研讨会的谈话和随后小组报告起草期间，小组的每个成员提出自己观点的机会都是平等的，我们对每位成员做出的贡献都同样重视。报告的编辑贝蒂·休·弗劳尔斯（Betty Sue Flowers）耐心地考虑了每一条建议，把草稿修改和传阅了数十次。因苏尔萨向小组承诺，他将发表一份自主撰写的报告，而不是一份美洲国家组织或成员国政府想要的报告。

该小组内部的主要矛盾存在于试图维持现行毒品政策的政府官员与试图改革这些政策的非政府活动人士之间。他们的立场并不对称：官员们拥有更正式的权力和责任，对现状更有防御意识。双方互不信任。在第一次研讨会期间，一位官员告诉我，他认为推动改革者们在走廊里抽大麻，而且我好像也闻到了。后来我意识到这种指控不仅是不真实的，而且是荒谬的。令我感到惊讶的是，我已经如此投入这项工作中，已经如此适应这种相互间的不信任，以至于我甚至能闻到一种不存在的气味。

我们精心地组织这个项目，以使小组能够自由、透明、民主地得出结论，经过几周的激烈争论，这种方法取得了成效。通过研讨会上、电子邮件中和电话会议中的对话，该小组就报告内容达成了一致。报告探讨了如果政府彻底背离禁毒战争，可能会有什么样的未来，其中包括一些国家无视国际条约，允许毒品贩运者自由通过其领土；实行基于健康而非基于安全的政策；以及尝试新的毒品管制方式，比如非犯罪化、非刑罚化和合法化。

随后，因苏尔萨将书面报告送交桑托斯和其他政府领导人。这是第一次有官方授权的文件探讨了除现有战略之外的毒品应对战略。与怀疑论者的期望相反，美洲国家组织推进了一个不受控制的项目，其结果是创新和重要的。

当桑托斯发布这份报告时，他说："这四种方案并不是在建议应该做些什么，也不是在预测将会发生什么，它们只是为我们提供了一些现实的选择，不带偏见或教条。"十六个月后，因苏尔萨反思道："这份报告立即产生了巨大的影响。它开启了一次开诚布公的讨论,提供了前所未有的选择。它告诉我们在处理毒品现象'之前'和'之后'应该做些什么。"

在经历了充满挑战的一年之后,我为我们取得的集体成果感到兴奋。我也很愤怒,因为我必须非常努力地推动我的美洲国家组织同行们按照我一直提倡的方式工作:让所有行动者参与进来,包括反对者和敌人;让这个团队参与到一个创造性的过程中;让他们控制整个过程。然而,一旦我平静下来,我就会发现我对他们的行为感到愤怒,因为我自己也表现出了同样的行为:尽我所能让事情变成我想要的样子。我正在学习朝着全身心参与和坚持的方向转变。

这个项目并没有解决美洲的毒品问题。它没有提出新的政策或行动计划。它所做的是产生了一套大家共享的关于未来可能的全新叙述(四个方案),并且在领导者(尤其是官员和改革者)之间创造出了重要的新的工作关系。连同这一年毒品政策领域的其他发展,特别是大麻在乌拉圭和美国一些州的合法化,我们为美洲和其他地区的毒品政策的未来开辟了新的可能性,包括对迄今为止不受限制的选择更加开放,比如对调节需求和供应的替代模式进行试验,减少消费危害,改革司法量刑,以及修订全球条约。这个项目帮助这个被困了四十年的西半球社会系统摆脱困境,向前发展。

这个项目让我清楚地认识到，怎样才能影响一个我们无法控制的局面。我们所面临的情况至少在三个层面上失去了控制：一大批合法和非法行动者生产和消费大量的新型毒品是无法控制的；世界各地政府和非政府利益相关者对毒品政策的观点和立场是无法控制的；项目参与者之间进行合作所产生的结果是无法控制的。

不过，当项目小组不再试图控制事态后，我们在处理问题方面取得了更大的进展。我们发现，参与者不可能就问题或解决方案达成一致，而且也没有这个必要，这种认识解放了我们，使我们能够在意见不一致的情况下继续前进。我们的工作人员和利益相关者小组的这种强有力的合作为我们试图处理的情况提供了新的可能性。其中最重要的可能性是准备好超越僵化地执行一项既定战略，并开始灵活地试验不同的新战略。

我们正在摸着石头过河

在伸展合作中，我们共同创造前进的道路。在出发之前，我们无法知道要走什么样的路线；我们无法预测或控制它；我们只能边走边探索。这种工作方式既令人兴奋又令人不安。

伸展合作的参与者通常不够认同、喜欢或信任彼此，所以不愿意承诺执行任何行动计划，除非这个计划投入适度、期限短、风险低。因为他们是自愿、暂时地参与到合作中来的，没有人能控制其他人，他们几乎随时可以选择退出。合作者是在做他们想做的事情，试图强迫或欺瞒他们做其他的事情是行不通的。我们所有参与毒品项目的人都坚持了下来，经历了它的起起伏伏，因为我们认为它为我们提供了一个重要的机会，就一个对我们而言很重要的问题应该做些什么。

管理学教授彼得·圣吉（Peter Senge）说："大多数领导策略从一开始就注定要失败。倡导变革的领导者常常像园丁站在植物面前一样，恳求他们的员工：'成长吧！更努力一点！你能做到的！'没有哪个园丁会试图说服植物'想要'生长：如果种子没有生长的潜力，任何人都无法改变这个事实。"伸展合作就像从事园艺工作：我们可以创造一些条件，让集体努力结出丰硕的成果，但我们无法指挥他们做任何事。"

即使合作者愿意承诺执行一个行动计划，这些承诺和计划通常只是一个变化过程的起点，而不是终点。在复杂而有争议的情况下，要知道一个计划是否行得通（各方是否会采取他们已承诺的行动，这些行动是否会产生预期的影响），唯一的方法就是去尝试。认为我们的想法会按照计划实现是傲慢和不现实的。在这种情况下，唯一明智的前进方式就是一步一个脚印，边做边学。

因此，伸展合作不仅仅是达成一项交易或协议。这是一个持续的、紧急的过程，在这个过程中，行动比达成一致更重要。关键是创造条件，使参与者能够自由地、富有创造性地行动，并由此创造出前进的道路。合作取得成功并不意味着参与者认同、喜欢或信任彼此：他们可能是这样，也可能不是这样。成功意味着他们能够摆脱困境，迈出下一步。

伸展合作也不仅仅是制订、同意和执行一个计划。创建一个计划可能是有用的，只要我们抱持开放的态度，当它不再有意义的时候就做出改变。伸展合作也需要我们在不确定和争议中前进。中国领导人邓小平曾经形象地描述了中国向社会主义市场经济转型的方式，令人印象深刻，那就是"我们在摸着石头过河"。

在前进的道路中，相比制订计划，团队更需要感受做事的原则，这些原则在管理文献中得到了很好的执行。组织理论家卡尔·韦克（Karl Weick）讲述了一个也许是杜撰的故事，关于一群士兵在瑞士进行军事演习：

> 一支匈牙利小分队驻扎在了阿尔卑斯山，这个小分队的年轻中尉派遣了一支侦察部队进入冰天雪地的荒野。他们出

发后，天开始下雪了，下了两天，侦察部队没有回来。中尉感到很痛苦，他担心自己把战友们害死了。但第三天，部队回来了。他们去哪儿了？他们是怎样找到回来的路的？他们说，是的，我们以为自己迷路了，就等待着死亡降临。然后我们中的一个人发现口袋里有一张地图。于是我们冷静了下来。我们搭起帐篷，熬过了暴风雪，然后用地图找到了我们的方位。我们回到了这里。中尉接过这张非凡的地图，仔细地看了一会儿。他惊奇地发现那不是阿尔卑斯山的地图，而是比利牛斯山的地图。

韦克的论点是，人们找到前进的道路并不一定是因为他们有一幅好的地图或有一个好的计划，而是因为他们"开始行动，在某些情况下产生了切实的结果，这有助于他们发现正在发生什么、需要解释什么，以及下一步应该做什么"。他们不需要有一个清晰的愿景或目标，只需要对他们试图克服的挑战或有问题的情况（对于士兵来说，就是要在暴风雪中存活下来）有一些共同的感觉。合作团队通常不是通过仔细执行一个优秀的计划实现商定的目标，而是通过采取行动并从行动中学习来取得进展。当事情进展顺利时，他们（像士兵一样）会充满希望和活力，保持警觉，运用灵活性和相互支持使事情继续向前发展。

策略的类型

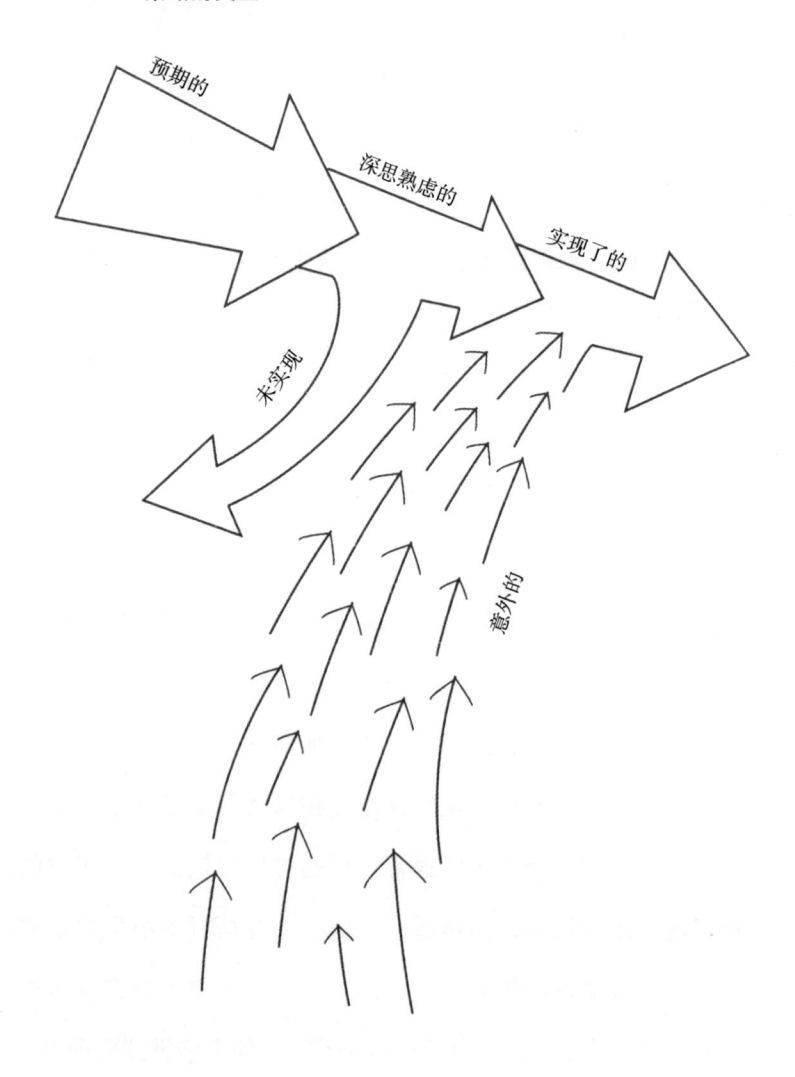

预期的 深思熟虑的 实现了的

未实现

意外的

管理学教授亨利·明茨伯格（Henry Mintzberg）进一步发展了这一原则。他指出，实现策略有两种截然相反的方式：一种是采取完全贯彻意图的深思熟虑所得出的策略，另一种是在没有意图的情况下采取紧急策略。他注意到，在组织中，很少有经理人真正能够或确实执行纯粹的深思熟虑所得出的策略：

> 要使一个策略经过完美的深思熟虑，也就是说，要使已实现的策略（一种行动模式）完全符合原本的意图，至少要满足三个条件。第一，组织内必须存在明确的意图，并相对具体地进行了详细说明，以便在采取任何行动之前，可以明确地知道组织想要什么。第二，因为组织意味着集体行动，为了消除对其意图是否具有组织性的任何可能的怀疑，这些意图必须是几乎所有行动者共有的：要么是他们自己的，要么是领导者传达的，可能是对某种控制的回应。第三，这些集体意图必须完全按照预期实现，这意味着没有任何外部力量（市场、技术、政治等）干涉它们。换句话说，环境必须是完全可预测的，完全友好的，或者完全处在组织的控制之下。同时满足这三个条件非常难，因此我们不太可能在组织中找到仅靠深思熟虑就能得出的完美策略。

如果简单的组织环境都很难满足这些条件，那么复杂的、充满冲突的多组织环境就更不可能满足这些条件。因此，在伸展合作中，我们主要通过意外的而不是深思熟虑所得出的进程向前迈进。

我们通过试验实现意外策略。我们尝试我们认为可能行得通的想法，然后从结果中学习，使用基于设计的方法，比如快速原型迭代。我们清楚地表达并测试我们的假设，试图在早期发现错误，因为那时错误的影响更小，修复成本更低（"尽早失败，在失败中前进"）。我们明白犯错是一种成功而不是失败；失败是没有行动，因此学不到任何东西，或者是拖延行动，因此犯下更大的错误，付出更大的代价。在毒品项目中，我们以这种方式参与小组报告的反复修改，采用多个可能的方案，而不是某个推荐的策略，还引入了一个专注于政策实验的方案。

创造力需要消极感受力

试验的过程就是创造的过程。我的同事、艺术家杰夫·巴纳姆（Jeff Barnum）向我指出了这个原则，他给我看了一部用巴勃罗·毕加索（Pablo Picasso）创作一幅斗牛士油画时的延时摄影照片制作的电影。一开始，毕加索在画布上画了一些粗糙的线条，然后进行细节描绘和上色。他一次又一次地改变和描绘画布上的形象。然后，在某一时刻，他涂去了画布中央的那个美丽的公牛头。巴纳姆解释道：

> 创造的过程是一个发现的过程，而不是把已经在脑海中看到和知道的东西投射出来。艺术家不会表现出已经完成的心理画面；他们在一种独特的媒介中，在其固有特性的范围内，寻找一种符合灵感的媒介表现方式。我们看到，毕加索在毁坏时和在创造时一样心甘情愿。一个人必须愿意以一种激烈的方式放手，激烈地克服任何牺牲整体，保留珍贵部分的倾向。毕加索追求的不是一张漂亮的脸或一只美妙的手，他追求的是一整幅能传达具体想法和情感的作品。他找到了能发挥这个功能的艺术表现形式。这里需要的内心姿态是无畏地放下那些行不通的事情，大胆地提出新的解决方案。

巴纳姆和我将这一原则与奥托·夏莫（Otto Scharmer）的"U型理论"联系起来。"U型"是指从感知到自然呈现（本章后面会讨论）再到创造的过程：这个过程不是沿着一条笔直的路线进行的。巴纳姆指出，在这个过程的开始阶段，我们还看不到我们将创造出什么，很快就将抵达U型线的底部。我们知道自己想要实现什么,却不知道如何实现。"创造力"这个词被用得太多了,以至于我们常常忘记了它的基本含义:产生一些还不存在的东西。毒品项目引发了一场还不存在的官方国际政策辩论。

　　创造性地发现前进道路需要遵循一个方法,那就是做一些尝试,退后一步,看看结果,然后做出一些改变,一遍遍地重复。我在写书的过程中学习到了这个方法,即使我花了几个月的时间思考和概括我想说的话,但只有当我把它们写出来,然后看我写了些什么,我才能知道什么是有意义的,需要重写哪部分,接下来又该写些什么。只有把一篇不好的文章修改一百遍,我才能写出一篇好文章。

　　用这种方式做事需要能够在不害怕("我是个失败者!")和不依赖("这一定是对的!")的情况下查看仍然不充分和不完整的结果。我们需要关注正在发生的事情,而不是我们希望会发生的事情。我们需要能够在存在冲突、令人不舒服的情况下保持镇定,此时我们不知道事情会如何发展,我们什么时候会成功,甚至我们是否会成功。诗人约翰·济慈(John Keats)把这种能力称为"消极感受力",他将其定义为"能够处于不确定、神秘和怀疑之中,而不急于寻求事实和理性"。我必须伸展,以超越我在训练中学会的计划—协议—实施模式,去适应

"不确定、神秘和怀疑",并摸索前进的道路。

伸展合作之所以令人生畏,原因之一是它要求我们进行这种耐心而轻松的试验,而且要不断重复,不仅要像画家或诗人那样在私下里如此做,而且要在我们和对手、敌人在一起时,在面对于我们而言真正重要的问题时如此做,甚至还会冒着我们的错误被公开揭露的风险。

倾听可能性,而不是确定性

毒品项目小组的成员能够一起设想、阐述和制定可能的新政策选择,因为他们能够开放地倾听彼此的意见。开放地倾听是试验前进道路时需要做的一件很重要的事。

开放地倾听使我们能够发现并非显而易见的选项,能够培养我们重新注意的能力。佛教禅师铃木俊隆（Shunryu Suzuki）说:"初学者的头脑中有很多的可能性,但专家的头脑中可能性却很少"。

当我在写《解决棘手的问题》时,贝蒂·休·弗劳尔斯对我说:"我很高兴你写的是不同的倾听方式。大多数人没有意识到倾听不止一种,就像他们没有意识到女人不止一种一样。"我们习惯于差异化看待富有创意的男性化功能,而不是包容的女性化功能。提高合作创造力的关键方法是让合作者开放地倾听。

在我自己的经历中，向创造性倾听转变的最明显的例子是我于1998—2000年在危地马拉愿景团队所做的工作。在种族灭绝事件之后，这个团队为帮助他们的国家取得进步所做出的主要贡献并不是他们同意讲述的场景故事，也不是他们想出的任何一个愿景或计划，而是这个人员构成复杂的团体的许多成员，包括前战斗人员，在随后的几年中以不同的布局成功地在一系列重要倡议上取得进展的方式。他们之所以能够做到这一点，是因为他们改变了彼此之间的联系方式，更确切地说是他们倾听的方式。

学者卡特琳·考费尔（Katrin Kaufer）带领一组研究人员采访了这个团队的成员，询问他们一起工作的经历。她发现，这个团队交谈和倾听的方式发生了进化，这与她的同事奥托·夏莫正在开发的模型相符。这个模型假设我们有四种不同的交谈和倾听方式，区别在于我们的出发点。这四种方式的区别在于他们是优先考虑整体还是多个部分，以及他们是重演现有的现实还是创造新的现实。我们在不同的环境中，以不同的顺序运用这四种方式，有时是有意为之，有时则是习惯使然。

在危地马拉愿景团队第一次研讨会开始时，他们彼此非常不信任，不愿意互相接触。项目主管埃琳娜·迪亚兹·平托

（Elena Díez Pinto）回忆道：

> 会议开始前，当我到达酒店吃午饭时，我注意到的第一件事就是原住民坐在一起，军人们坐在一起，人权组织的成员坐在一起。我想：他们是不会互相说话的。在危地马拉，我们变得非常有礼貌。我们是如此地小心翼翼，以至于我们会在想着"不好"的时候也说"好"。我担心我们太客气了，真正的问题永远不会出现。

这是第一种交谈和倾听的方式，夏莫称之为下载。在这里，我倾听了自己的内心和自己的故事。我对其他的故事充耳不闻，我只听得到证实我自己故事的内容（"我早就知道了"）。下载式的交谈告诉我们：我说的总是这些，因为我认为我的故事要么是唯一真实的，要么是唯一安全或礼貌的。我坚持认为只有一个整体（例如，一个目标、团队或策略），并且忽略或压抑其他人。下载是专家、独裁者以及傲慢、愤怒或害怕的人的典型行事方式。互相不认同、不喜欢或不信任的人展开伸展合作，总是从下载模式开始（"事实是……"）。

后来在危地马拉愿景的第一次研讨会期间，该团队对该国所发生的事情表达了不同的看法。队员贡萨洛·德维拉

四种交谈和倾听的方式

创造新的现实

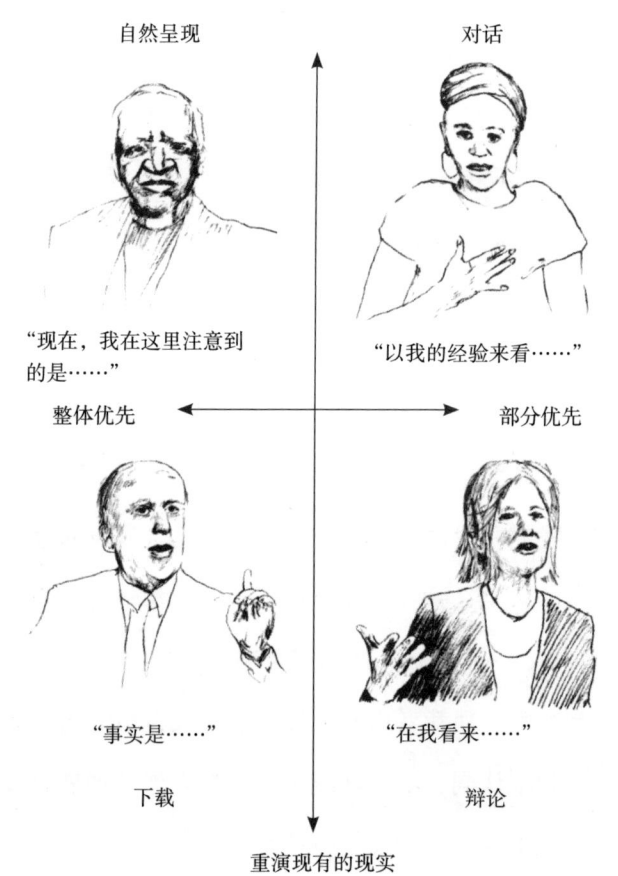

自然呈现　　　　　　　　　　对话

"现在,我在这里注意到的是……"　　　　　"以我的经验来看……"

整体优先　←——————→　部分优先

"事实是……"　　　　　　　"在我看来……"

下载　　　　　　　　　　辩论

重演现有的现实

（Gonzalo de Villa）回忆道：

> 第一次研讨会的第一轮会议非常消极，因为我们都在回顾最近几年的事件，这些事件给我们留下了深刻的印象。会议第一次出现了充满悲观情绪的时刻。突然，一个年轻人站了起来，直截了当地对我们的悲观主义提出了质疑。这标志着开始发生了一个重要的变化，后来我们不断地提到这件事。一个年轻人突然把我们叫作"老悲观主义者"，这是一个重要的贡献。

第二种交谈和倾听的方式是辩论。我像辩论会的评审或法庭上的法官一样，从外部真实而客观地倾听（"这是正确的，那是错误的"）。辩论式的交谈是思想的碰撞：每个人都说出他或她的想法，有些想法和人占据上风，有些则一败涂地。这种模式比下载更开放，因为在这种情况下，人们表达他们的不同观点，并意识到这些是他们的观点，而不是事实（"在我看来……"）。

在危地马拉愿景的第二次研讨会上，他们就内战期间发生的事情进行了艰难的对话。退役将军胡利奥·巴尔科尼（Julio Balconi）努力让其他人理解，为什么他会在战争期间做出那些事情，大多数人都不认同他的做法。负责监督和平协议执行情况的和平内阁大臣拉克尔·塞拉亚（Raquel Zelaya）向他探过身去，柔声说道："我知道没有人是为了学习如何屠杀妇女和儿童而加入军校。"

第三种交谈和倾听的方式是对话。我同情和主观地倾听他人的话，就好像这些话是从他们的内心发出的（"我听到了你所经历的事情"）。对话式的交谈是自我反思的（"以我的经验来看……"）。这种模式开启了新的可能性，因为现在我们正在与多个鲜活的子整体合作，每个子整体都表达着它的力量和爱。

在前一章中，我提到了，在危地马拉愿景的研讨会上，罗纳德·奥查塔讲述了他亲眼目睹的挖出一个万人坑的故事，随后整个团队默哀了五分钟。团队中的许多成员后来都提到了这件事，其中一个人说这"就像一次大规模的圣餐仪式"。

第四种交谈和倾听的方式是自然呈现，这个新词结合了预感知（感知正在形成的过程）和完全呈现。我不是倾听自己或他人的内心，只关注一个特定的想法或人，而是倾听一个更大的系统（"现在，我在这里注意到的是……"）。当我身处一个正在自然呈现的团队中时，就好像人与人之间的界限消失了，所以当一个人说话时，他或她是在阐明整个团队或系统的某样东西，当我倾听时，就好像听到了整个团队或系统。奥查塔并不是危地马拉愿景团队的核心成员,尽管他讲述了这个故事,但团队并没有把它当成他自己的故事。他们认为这表现了危地马拉现实情况的一个关键方面,他们需要注意并对此采取行动。

迪亚兹·平托和我详细讨论了这五分钟沉默的重要性。她引用了当地基切人的圣书《波波尔乌》(*Popol Vuh*)中的一句话:"我们没有集中我们的想法。我们集中的是我们的目的。我们达成了一致,然后我们决定了。"她和我都认为奥查塔的故事使团队超越了他们各自的想法和经历,去发现他们共同的目标,该目标使他们能够在接下来的几年里共同合作,尽管他们之间存在分歧。自然呈现是一种对整体潜力的共享意识,这个整体包含并超越了我们的个体。

所有这四种交谈和倾听的模式都是合理和有效的。并不是说我们只需要运用一种模式,我们需要能够在这四种模式之间进行灵活的切换。如果我们把所有的时间都花在下载和辩论上,那么我们就只会重演现有的现实:我们将继续思考我们一直在思考的事情,做我们一直在做的事情。如果我们想要共同创造新的现实,那么我们至少要把一些时间花在对话和自然呈现上。

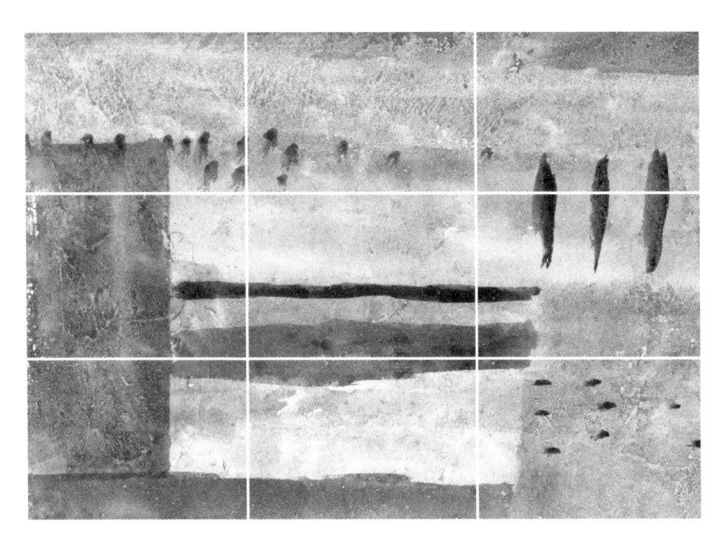

7　从置身事外到全身心投入

> 我们已经遇到了敌人,他就是我们自己。
>
> ——沃尔特·凯莉,《原地跳跃》(Walt Kelly, *Pogo*)

伸展的第三阶段是变化幅度最大的:从置身事外到加入游戏。如果我们想在复杂的情况下完成重要的事情,那么我们就不能把时间花在观察、指责和说服别人上。我们必须加入游戏。

在传统合作中,我们专注于尝试改变其他人正在做的事情。这些人可能身处合作之外,是我们集体活动的目标,或者他们身处合作中,但我们认为他们的行为应该发生改变。当我们处于简单可控的情况下,也就是我们可以改变他人的行为时,这种方法是行得通的。但是,当我们处于复杂的、不受控制的情况下,我们需要把注意力转移到我们自己正在做的事情上,即我们如何在目前的情况下做出贡献,以及我们需要做些什么以改变现状。

加入游戏意味着距离缩短,自主权变小,联系和冲突变多。它能令人感到兴奋,也会令人觉得恐惧。

"他们需要改变!"

2005—2006年期间,国际上创建了一个旨在减少印度儿童营养不良情况的雄心勃勃的合作计划,我是这个计划的领导者之一。巴维施亚联盟(Bhavishya Alliance)由二十六个组织组成,其中包括印度政府机构、联合国儿童基金会(United Nations Children's Fund)、跨国公司,以及当地的非政府组织和社区组织。这些组织指派五十六名员工在一个"社会实验室"全职工作八周。这个团队的任务是共同创建第一套创新的跨组织方案以减少印度儿童营养不良的情况。在此后的六年间,巴维施亚成功开展了一系列方案,对印度儿童的营养不良状况产生了重大影响,并成为跨部门合作的一个重要例子。

然而,巴维施亚对我产生最大影响的是前八周的失败。

一开始,实验室备受期待,压力很大。为了让这个复杂的项目进行下去,参与的组织已经投入了大量的资金。后来,组织工作的复杂性让我不知道如何应对,我向商人和公务员阿伦·迈拉（Arun Maira）寻求建议，我问他，我们到底想做什么。"你必须记住，"他回答说，"大多数时候，当一群利益相关的领导人聚在一起解决一个问题时，他们每个人都相信，只要其他人改变他们的想法和做法，问题就会得到解决。但是如果所有的利益相关者都参与其中，那就不可能都是别人的错！这个项目真正的创新之处在于，我们邀请这些领导人来反思，他们可能需要改变自己正在做的事情。"

随着项目交付的截止期限越来越近，我的压力越来越大，我开始担心我们的设计可能行不通，我的领导地位开始下降，态度变得强硬。我与团队的距离越来越远，我对项目进展的理解，以及我深思熟虑地处理问题的能力都在减弱。但我想，如果我更严格地坚持我们的计划，并更努力地推进，我就能实现既定的目标。

在这八周的最后一天，我们举行了一次会议，向参与组织的负责人（实验室团队成员的负责人）提出了四项方案。我们工作得相当努力，也感到精疲力竭，但对我们所取得的成绩还是很满意的。

然而，负责人的看法却不同。他们中有几个人对我们提出的方案持批评态度，并怀疑这些方案是否是完善或可行的。到那天结束时，我们的工作几乎没有一项得到认可。队员们感到困惑和苦恼。我感到非常震惊。

团队花了三天时间验收实验室这个令人惊讶和不安的结果。每个人都感到失望和受伤。他们中的许多人把问题的原因归咎于我。在我的人生中，我从未感到如此屈辱和愤怒。

于是，我离开了印度，回到了家里。在那之后的几个月里，我每天都在想自己如何受到了不公正的对待，幻想着如何复仇。我知道我犯了一些错误，需要改变处理这种情况的方式，但我认为我是受害者，其他人也需要改变：他们不应该期望我一个人做出改变，其他人也应该改变自己。

后来有一天，我偶然翻开了哲学家马丁·布伯（Martin Buber）写的一本小册子，看到里面有这样一段话：

> 如果一个人只把自己看作与其他个体形成对比的个体，而不把自己看作真实的人，自己做出的改变有助于这个世界发生改变，那么就犯了一个根本性的错误。最重要的是从自己做起，此时此刻，在这个世界上没有什么比从自己做起更重要的了。任何其他的态度都会使他从即将开始的改变上分心，削弱他的主动性，从而使整个勇敢的行动受挫。

读这段话时，我发现我犯的就是这个根本性的错误：我关注的不是自己需要做些什么。对于我来说,关注那些"我的敌人"应该做些什么是没有用的,我需要关注自己应该做出何种改变以有效地应对我所面临的挑战。

我经常在自己和他人身上观察到这种行为模式。当我们面对一个具有挑战性的情况时,我们会首先关注其他人在做什么、没有做什么或应该做什么。正如迈拉所说,我们会习惯性地认为"他们需要改变!"我们想要改变的人可能离我们很远,也可能离我们很近;他们可能是特定的个体或无名的群体;我们可以把他们看作朋友或敌人。幽默作家杰罗姆·K.杰罗姆(Jerome K. Jerome)写道:"我喜欢工作,它让我着迷。我可以坐着看别人工作看几个小时。"我们常常会懒惰地指责别人,来逃避自己付出努力。

人们最经常问我的关于合作的问题是:"我们怎样才能让他们……?"这个问题暴露了一种等级化的、非黑即白的思维模式:我们 vs 他们,朋友 vs 敌人,英雄 vs 恶棍,好人 vs 坏人,无辜 vs 有罪。但在非等级化的伸展合作中,我们无法让任何人做任何事情,因此我们需要采取不同的方法。

我们责怪他人和将他人敌对化,既是为了保护自己,也是为了定义自己。我们以自我为中心,视自己为主角,身处在我们周围所发生事件的中心。因此,当我们遇到挑战时,我们就会把它当作一次人身攻击，认为必须保护自己。我们害怕受伤害，所以我们断言自己是对的而其他人是错的，把自己隔离和保护起来。我们担心，如果我们与那些人合作，我们将受毒害或者需要做出妥协，即我们将背叛自己的立场和我们自己。

哲学家勒内·基拉尔（René Girard）说，我们创造敌人是为了避免应对社群内部或自身内部的冲突，正如《乌鸦评论》（*Raven Review*）中的一篇文章所探讨的那样：

> 我们……通过将我们的暴力投射到社群外的替罪羊控制内部冲突……能否成功地找到替罪羊，取决于社群是否相信，他们已经找到了这个"敌人"给他们带来的麻烦的原因和解决办法。一旦敌人被消灭或驱逐，[社群就会体验到]一种解脱感，就会重新归于平静。但这种平静是暂时的，因为替罪羊并不是[导致他被驱逐的]冲突的真正原因或解决办法……我们的身份，尤其是我们对自己的良好感觉，往往依赖于……反对某人或某事……我们需要认为对方是邪恶的，才能知道我们是善良的，而他们是否真的邪恶就无关紧要了。

敌对化的问题并不是我们从来没有敌人：常常有一些人和

情境给我们带来了困难和危险。而且，我们为改变世界所做的任何努力都会引起不适、抵制和反对。敌对化的真正问题在于它会分散我们的注意力，使我们失衡。我们无法回避给我们带来挑战的人，所以我们需要集中精力思考，面对这些挑战，我们下一步要做些什么。

如果你无法真切地体会到问题是什么，你就无法解决这个问题

我们有两种方式理解我们与某个特定情境的关系和自己在这个情境中扮演的角色。一种方式是把我们的角色看作在舞台上指导演员的戏剧导演，或者是看戏的观众。在这两种情况下，我们都认为自己是独立于情境之外的，情境是由更高地位的人（导演）创造的。演员是戏剧的创造者，但导演是最高领导者或超级创造者。

另一种方式是把我们看成一个演员，或者像巴西戏剧导演奥古斯都·波瓦（Augusto Boal）导演的那种戏剧里的"观众"，这类观众也参与并影响着舞台上的表演。在这些情况下，我们认为自己是情境的一部分，共同创造着正在发生的事情。

在伸展合作中，我们是共同创造者。扮演这个角色时，我们能够明智地决定应该如何行事以影响我们面对的情境，同时

与某种情境的两种关系

你是导演或观看情境中演员表演的观众；你不在情境中（身处情境之上或之外）

你是情境的共同创造者之一；你是情境的一部分（在情境之中）

我们仍然能够平衡好自己。

我们因为忽视了自己、专注于别人而变得不平衡。把注意力从前者转移到后者会带来的好处是，我们解放了自己，给了自己实现改变的机会。与其责备他人、施压、哄骗或等待他人完成工作（这很少成功），我们可以继续做自己的事情。

继续做我们自己的工作需要我们看到并认可自己的角色和责任。领导力学者比尔·托伯特（Bill Torbert）曾经告诉我："实际上，老活动家的俏皮话'如果你不设法解决问题，你就成了问题'忽略了更重要的一点，那就是，如果你无法真切地体会到问题是什么，你就无法解决这个问题。"只有当我们能够理解我们所做的事情对我们面对的情境有何影响时，我们才能改变这种情况，否则只能从上至下用强制的方式推动改变发生。

因此，伸展合作要求我们把自己放入试图改变的情境中，而不是与情境分离。我可以给家里打电话说我会晚些到家，"因为我遇到了堵车"或者"因为我堵车了"。后一种解释使我能够与他人合作改变现状。

我们也会走向另一面，变得失衡，视自己为世界的中心。以自我为中心意味着我们自大地高估了自己观点和行动的正确性和价值，并且低估了他人。这妨碍了合作，因为它扭曲了我们对所处情境和需要做什么的理解，而且这会导致我们与我们忽视的其他人发生冲突。

当我们害怕失去自己的地位和身份时，我们就会变得以自我为中心。我们不仅害怕失败，更害怕成为一个失败者。而且，许多我们最珍视的身份——专家、专业人士、权威人士、领导者、英雄——妨碍了合作，因为这些身份将我们置于他人之上或与他人分隔开来。要与他人合作，特别是与那些三观不合、不喜欢或不信任我们的人合作，我们需要平等地与他们并肩合作。正如安雅·克内（Anja Koehne）所说，它要求我们放弃"作为一种存在状态的优越感"。

阿伦·迈拉经常提醒我要避免陷入以自我为中心的陷阱。"你不应该认为很多事情都是针对自己，"有一次他责备我说，"事情发生了，你必须去面对，但认为事情都是针对自己对你没有任何帮助。"还有一次，我问他，我们如何才能知道我们正在进行的大规模改革工作是否产生了影响。"你想证明自己正在产生影响的愿望是以自我为中心的，"他说道，"记住《薄伽梵歌》（Bhagavad Gita）中的一句重要的话，'工作是你的，但成果不是你的。'"这个建议解放了我，让我可以认真工作，同时不必为我无法控制的结果担负责任。

做猪而不是鸡

第三次伸展的本质是对我们在试图改变的情境中所扮演的角色负责，即为了让情境发生改变我们需要做些什么。这次伸展是具有挑战性的，因为它要求我们承担全身心投入其中的风险，我们有可能会被改变或伤害。这次伸展要求我们愿意牺牲一些感觉已知的、熟悉的、舒适的和安全的东西。那句俏皮话是这样说的："在火腿煎蛋卷里，鸡贡献了鸡蛋，但猪献出了自己。"伸展合作要求我们像猪一样投身其中，而不是像鸡那样仅仅只是参与。

十五年前，我与巴拉圭同事豪尔赫·塔拉韦拉（Jorge Talavera）共同举办了几次研讨会。我的西班牙语不是很好，他的英语也不是很好，所以我们的交流必须简明扼要。我们开始关注研讨会上团队工作突然开始推进的时刻，我们称之为"配合默契的时刻（el click）"。我们注意到，当团队成员看到（通常会感到惊讶，也常会感到惊愕），为了使他们所处的境况发生改变，他们自己——而不仅仅是其他人——必须改变时，这个时刻就会到来。

我已经注意到这种时刻对我自己工作的影响。当我懒惰地把事情归咎于别人时，我感到郁郁寡欢且无助。但当我看到并投身于我所能做的事情时，我感到机敏和精力充沛。这并不意味着我总是能成功地影响正在发生的事情，但我会更容易成功。我真正投入其中的项目（包括巴维施亚和本书中提到的其他项目）产生了最大的影响，也教会了我最多东西。

因此，加入游戏需要做的基本练习就是，关注我们自己。当我们注意到自己在责备他人时（专注于他们正在做什么，以及我们希望或要求他们做出什么改变），我们需要把注意力拉回到我们自己正在做什么，以及我们需要做出什么改变。有时，我们需要做的是试着去影响他人，但现在我们担起了责任，并且愿意改变我们在大家参与的情境中扮演的那部分角色。当我们发现别人分散了自己的注意力时，我们需要回归到这个简单的问题上：接下来我们必须做什么？

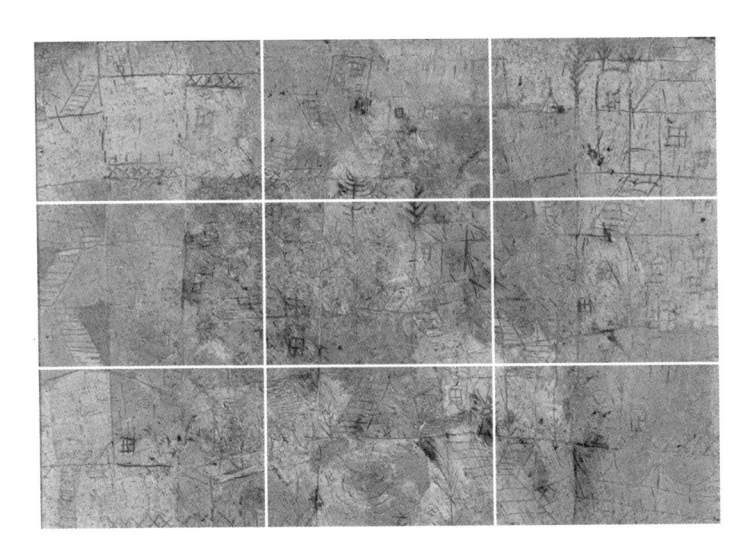

后记　如何学会伸展合作

本书呼吁采取更多的集体行动和承担更多的个人责任。在所有领域中，无论是在家里还是在工作中，在地方、国家，还是全球问题上，如果我们想做成一些事情，我们越来越需要合作，不仅要与同事、朋友合作，也要与对手、敌人合作。本书认为，为了能够在如此复杂、充满冲突和不受控制的情况下进行合作，我们需要学会伸展。

到目前为止，本书已经阐述了如何进行伸展。最后这一章的目的是帮助你把这些方法付诸实践。

伸展合作是一种非传统的与他人合作的方式，它涉及三个基本的转变：

伸展的第一阶段是拥抱冲突和联系，这个阶段要求你运用两种互补的驱动力，而不是只选择其中一种：力量是自我实现的驱动力，表现是坚持；爱是重新统一的驱动力，表现是参与。

你需要交替运用而非同时运用这两种驱动力。

伸展的第二阶段是在试验中摸索出一条前进的道路，这个阶段要求你运用对话和自然呈现，带来新的可能性，而不是仅仅运用会强化现状的下载和辩论。这意味着开放地进行交谈，尤其是开放地倾听。

伸展的第三阶段是加入游戏，这个阶段要求你投入行动，愿意改变自己，而不是停留在外部和上层，只是试图改变别人。

大多数人觉得伸展既陌生又令人感到不舒服，因为做伸展要求我们改变根深蒂固的行为。学习新行为的方法就是不断地练习。一开始，练习的方法是尝试一些简单的新行为，注意哪些行得通，哪些行不通，然后进行调整，重复去做，在此基础上不断前进。做这种练习需要带着好奇和开放的心态，就像在戏剧中的即兴表演一样，说"好"，然后让自己被接下来发生的事情改变。做伸展还需要你在观察自己在做什么和产生了什么影响时毫不畏惧地做出自我反省。找一位很了解你，愿意通过提供反馈帮助你的同事或朋友，陪伴你完成这项练习。

你可以按照以下这个为期六周的练习计划，来练习三个阶段的伸展。你将需要以下这些东西：

- 尝试新行动的意愿

- 幽默感
- 一个笔记本和一支笔（或者另一种记笔记的方式）
- 一位同事或朋友

这里假设你将独自完成这些练习，不过你的同事会给你反馈。或者，你可以和另一个人或一个小组一起完成这些练习，这样你也可以学习他们的经验。

做这些练习有一个重要步骤，那就是每天花时间写下你的观察和思考。这种日记可以写在笔记本上，也可以写在手机或电脑上，可以采用对你而言最方便的记录方式。重要的是你要每天花时间反思，因为有意识地感知你现在的行为对于创造新行为来说是至关重要的。有些人发现每天同一时间（比如在晚上）在日记本中记录下这些内容很有用。

如果你想在开始之前就对整个练习计划有一个把握，那么你可以在开始做第一项练习之前就通读所有的练习。或者你可以直接开始做第一项练习，随着练习的进行，练习计划就会变得越来越清晰。

第1周：伸展的第一阶段

为你对力量与爱的运用建立一个基准。

1. 思考一下你（在家里、工作中和社区里）花在合作（与他人一起工作）上的时间总长。估算一下主要运用力量和坚持的时间总长，以及主要运用爱和参与的时间总长（这两个数字加起来应该是100%）。诚实地进行自我评估，这反映的是你现在是如何行动的，而不是你希望自己如何行动。

- 当你和别人合作时，你主要运用力量和坚持的时间占比是多少？
- 主要运用爱和参与的时间占比是多少？
- 你觉得这两种行为方式中哪一种令你感到最舒服？
- 在不同的场合，例如在家里、工作中、社区，你对这些行为方式的使用情况是否不同？

2. 回答完以上问题后，（在分享你的自我评估之前）让你的同事写下他或她对你的评估。

3. 和你的同事见面。

- 分享你的自我评估。
- 听听同事对你的评估。
- 讨论这两种评估的不同之处。
- 做笔记。
- 周末约个时间再讨论一次。

4. 在一周的时间里，观察你和别人合作时的行为。每天花点时间写下你的观察和思考。

5. 到了周末，将你的观察结果与你和你同事的初始评估进行比较。写下你的看法。

6. 与你的同事交流，分享你的观察和看法。请他或她给予反馈意见。

第2周：伸展的第一阶段

不是通过削弱你更强的驱动力，而是通过加强你较弱的驱动力平衡你对力量与爱的运用。

1. 列出你在第一周中采取的行动，这些行动表明了你的薄弱环节：你较少运用哪种行为方式（参与或坚持）？哪种行为方式相对不会让你觉得不舒服？

2. 这一周，选择其中的三种行为进行练习。你的目标是运用和加强你的薄弱环节，尤其是当你觉得自己有可能在过度运用另一方面时。

3. 把你将在这周练习的行为告诉你的同事。请他或她给予反馈意见。

4. 在这周剩下的时间里，当你和别人合作时，练习这三种行为。每天花点时间写下你的观察和思考。

5. 到了周末，与你的同事交谈，分享你的观察和看法。请他或她给予反馈意见。

第 3 周：伸展的第二阶段

为你如何交谈和倾听建立一个基准。

1. 思考一下你（在家里、工作和社区）花在合作（与他人一起工作）上的时间总共有多少。估算一下你运用每种交谈和倾听方式的时间是多少（这四个数字加起来应该是100%）。诚实地进行自我评估，这反映的是你现在是如何行动的，而不是你希望自己如何行动。

- 当你和别人合作时，下载（说真实的、安全的或礼貌的内容，不倾听其他人说的话）的时间占比是多少？
- 辩论（说出你的真实想法，并倾听别人的看法以判断什么是正确的）的时间占比是多少？
- 对话（说出你想法的来龙去脉，并倾听别人想法的来龙去脉）的时间占比是多少？
- 自然呈现（对出现在情境中的事物进行探讨，并倾听别人的看法）的时间占比是多少？
- 哪一种行为方式让你觉得最舒服？哪一种让你觉得最不舒服？
- 在不同的情况下，例如在家里、在组织中、与外部合作伙伴合作时，你对这些行为方式的使用情况是否不同？

2. 回答完以上问题后，（在分享你的自我评估之前）让你的同事写下他或她对你的评估。

3. 和你的同事见面。

- 分享你的自我评估。
- 听听同事对你的评估。
- 讨论这两种评估的不同之处。
- 做笔记。
- 周末约个时间再讨论一次。

4. 在一周的时间里，当你和别人合作时，注意你是如何交谈和倾听的。根据以下这些句子进行判断。当你下载时，你会说"事实是……"。当你辩论时，你会说"在我看来……"。当你对话时，你会说"以我的经验来看……"。当你自然呈现时，你会说"现在，我在这里注意到的是……"。每天花点时间写下你的观察和思考。

5. 到了周末，将你的观察结果与你和你同事的初始评估进行比较。写下你的看法。

6. 与你的同事交流，分享你的观察和看法。请他或她给予反馈意见。

第4周：第二次伸展

把交谈和倾听的方式从下载和辩论转变为对话和自然呈现。

1. 在一周的时间里，当你和别人合作时，只运用对话和自然呈现。当你留意到自己在下载或辩论时，就转换为对话（"以我的经验来看……"）或自然呈现（"现在，我在这里注意到的是……"）。每天花点时间写下你的观察和思考。

2. 到一周结束时，和你的同事交流，分享你的观察和看法。请他或她给予反馈意见。

第5和第6周：伸展的第三阶段
从置身事外到加入游戏。

1. 设想一个你参与的，似乎遇到瓶颈的合作项目或方案（在家里、工作中或在社区）。

2. 从两个不同的角度描述这个项目的进展情况：

- 第一种描述就好像你正在从外部观察或导演这种情况。详细描述其他人正在做些什么，导致了现在的情况，以及为了使项目突破瓶颈，继续向前发展，他们需要做出什么改变。
- 第二种描述就好像你从内部参与并共同创造了这种情况。详细描述你正在做些什么，导致了现在的情况，以及为了使项目突破瓶颈，继续向前发展，你需要做出什么改变。

3. 现在列出目前你在这个项目中采取的所有大大小小的行动。浏览一下列表，然后确定每一个行动主要是在第一视角（作为观察者或导演）还是第二视角（作为参与者和共同创造者）下做出的。

4. 与你的同事分享你的两种描述和行动清单。请他或她给予反馈意见。他或她认为哪些内容是清晰和见解深刻的？哪些内容可能是不准确或有遗漏的？

5. 从你的列表中选择两个第一视角下做出的行动（作为观察者或导演）。为了强化你作为一名共同创造者的角色，确定你将放弃哪个行动（停止做它而不替换它），又将调整哪个行动（它仍然履行它的功能）。

6. 从你的列表中选择一个第二视角下做出的行动（作为一名共同创造者）。确定你将如何加强它，以强化你作为一名共同创造者的角色。

7. 在接下来的两周内，对行动做出这三点改变。每天花点时间写下你的观察和思考。

8. 在每周末与你的同事交流，分享你的观察和看法。请他或她给予反馈。

前方的路

当你练习这些新行为一段时间并变得更适应它们时，就可以在更复杂和冲突更多的情况下试着应用这些行为。有时这些行为会产生你想要的结果，有时候则不会。把你观察到和学习到的东西记录下来。你的目标不是进行完美的合作（在现在这样的社会中，这是不可能做到的），而是更清楚地意识到你在做什么以及你所产生的影响，使自己能够更快地适应和学习。这就是你如何从无意识无能转变为有意识无能，直至有意识胜任，再到无意识胜任。

在学习伸展时，你将面对的主要挑战是克服惯常做事方式的熟悉感和舒适感。你需要从陈述句"一定要是这样子的"转变为虚拟语气句"可以是这样子的"。你需要适当放下自己的观点、立场和身份，牺牲你较小的、受束缚的自我，去追求更大、更自由的自我。因此，这些伸展可能会令人感觉既可怕又自由。

太极老师沃尔夫·洛温塔尔（Wolfe Lowenthal）这样评价推手武术：

> 无论你的对手多么强硬、多么桀骜不驯，我们无法温和地对付他，说明我们自己陷入了胶着状态。推手的意义在于探索并最终打破胶着状态，而不是取胜。实际上，我们应该和自己玩这场"游戏"，我们将面对我们在生活中所隐藏问题的身体表现。在与自我对抗的过程中，存在着进步的可能性。我们感谢对手给了我们这个机会。

因此，在学习合作的过程中，你会惊讶地发现，那些你眼中的敌人可能会给你带来帮助。伸展要求你靠近而不是远离与你不同的人。在最困难的情况（当别人没有按照你的意愿去做，所以你只能停下来，寻找新的前进道路）下，你会学到最多的东西。你的敌人可能会成为你最好的老师。

致　谢

写这本书是我与他人进行的一次美妙的、富有创造力的、慷慨的合作。

基于和同事共同经历的我们认为很重要的、具有挑战性的项目，我写成了这本书。有很多人与我一起参与了本书所述的项目，我很感谢史蒂夫·阿特金森（Steve Atkinson）、布伦娜·安特尼科夫（Brenna Atnikov）、亚当·布莱克韦尔（Adam Blackwell）、米尔·博耶尔（Mille Bojer）、曼努埃尔·何塞·卡瓦雅尔（Manuel José Carvajal）、苏密特·尚普雷希特（Sumit Champrasit）、埃琳娜·迪亚兹·平托（Elena Díez Pinto）、贝蒂·休·弗劳尔斯（Betty Sue Flowers）、罗萨纳·富恩特斯·贝兰（Rossana Fuentes Berain）

在写这本书的过程中，我尝试采用了"大声写出来"（由米奇·安东尼、泰伊·佛朗哥·布罗托提供支持）的方法：每写完一章,就把草稿发布到网上,并征求感兴趣的读者的反馈。读者的反馈非常热情,也很有帮助,我很感谢通过这个渠道和其他渠道向我提出经过深思熟虑的意见的读者,他们是克里斯·埃伯利斯(Chris Abeles)、米歇尔·亚当(Michel Adam)、克里斯·阿尔特米卡斯(Chris Altmikus)、查尔斯·安诺希克(Charles Anosike)、安东尼奥·阿拉尼巴(Antonio Aranibar)、海伦·阿斯塔特(Helen Astarte)、史蒂夫·阿特金森(Steve Atkinson)、杰夫·巴纳姆(Jeff Barnum)、安东尼娅·鲍姆(Antonia Baum)、赫尔曼·巴文克(Herman Bavinck)、萨比娜·伯曼(Sabina Berman)、杜安·比格斯(Duan Biggs)、里克·布莱克(Rick Black)、彼得·布洛克(Peter Block)、米尔·博耶尔(Mille Bojer)、马克·伯登(Mark Burdon)等。

我与长期合作伙伴杰夫·巴纳姆进行的交谈,极大地丰富了我对本书思想的表达,而且他是这些美丽插图的创作者。

本书不仅阐述了一条理论,而且还介绍了一种合作方法,在写书的同时,我还开发了一套能力建设练习体系,包括相应的讲座和研讨会。在这方面,我优秀的伙伴是我的同事伊恩·普林斯卢。

作为一名作家,我最棒的经历之一就是与贝尔特·科勒出版社(Berrett Koehler)杰出的专业团队的合作。我要特别感谢迈克尔·克劳利（Michael Crowley）、卡伦·希尔·格林（Karen Hill Green）、琳达·丘辟特（Linda Jupiter）、埃莉萨·拉贝利诺（Elissa Rabellino）、吉瓦·西瓦苏布拉马尼亚姆（Jeevan Sivasubramaniam）、爱德华·韦德（Edward Wade）、拉塞尔·惠普尔（Lasell Whipple），还要特别感谢史蒂夫·皮耶尔桑蒂（Steve Piersanti）。

如果没有里奥斯合伙人公司（Reos Partners）中我的老朋友，特别是我们全球领导团队成员的鼓励和陪伴，我是无法写成这本书的，感谢史蒂夫·阿特金森（Steve Atkinson）、米尔·博耶尔（Mille Bojer）、利·加斯纳（Leigh Gassner）、约翰·戈芬（John Griffin）、科琳·马格纳（Colleen Magner）、巴蒂安·尼乌韦特（Batian Nieuwerth）、乔斯·尼尔斯滕（Jos Niesten）、伊丽莎白·平宁顿（Elizabeth Pinnington）、莫妮卡·波尔曼（Monica Pohlmann）、克里斯特尔·斯霍尔滕（Christel Scholten），要特别感谢乔·麦卡伦（Joe McCarron）。

如果有人做出了贡献，但我没有提到，在此，我向他们道歉。这本书的缺点当然是我造成的。

我亏欠最多的是多萝西，她是那么好，为我付出了那么多。

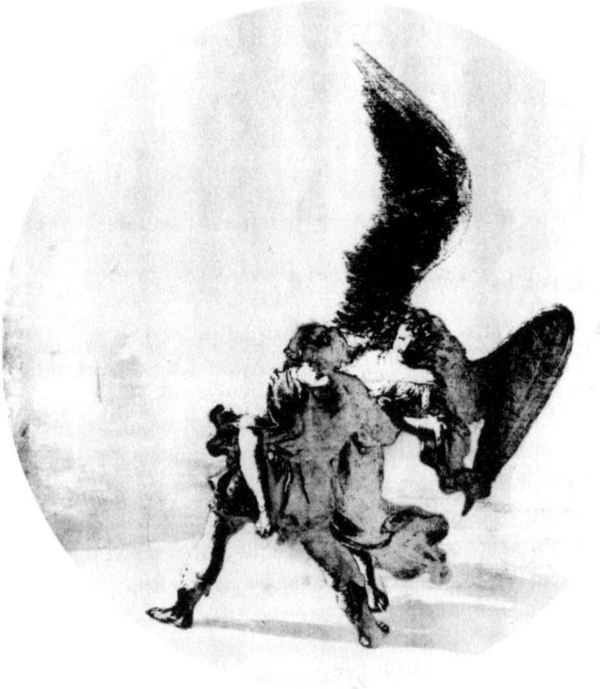

图书在版编目（CIP）数据

如何与利益不同的人合作 /（加）亚当·卡亨著；张淼译. -- 北京：九州出版社，2020.11
ISBN 978-7-5108-9362-9

Ⅰ. ①如… Ⅱ. ①亚… ②张… Ⅲ. ①社会心理学—研究 Ⅳ. ①C912.6-0

中国版本图书馆CIP数据核字(2020)第140664号

Copyright © 2017 by Adam Morris Kahane
Copyright licensed by Berrett-Koehler Publishers
arranged with Andrew Nurnberg Associates International Limited
All rights reserved.
Simplified Chinese translation copyright 2020 by Ginkgo(Beijing) Book Co., Ltd.

著作权合同登记号：01-2020-5013

如何与利益不同的人合作

作　　者	［加］亚当·卡亨 著　张淼 译
责任编辑	周　昕
封面设计	墨白空间·黄怡祯
出版发行	九州出版社
地　　址	北京市西城区阜外大街甲35号（100037）
发行电话	（010）68992190/3/5/6
网　　址	www.jiuzhoupress.com
电子信箱	jiuzhou@jiuzhoupress.com
印　　刷	华睿林(天津)印刷有限公司
开　　本	889 毫米 × 1194 毫米　32 开
印　　张	5.5
字　　数	80 千字
版　　次	2020 年 11 月第 1 版
印　　次	2020 年 11 月第 1 次印刷
书　　号	ISBN 978-7-5108-9362-9
定　　价	39.80元

★ 版权所有 侵权必究 ★